シリーズ　新約聖書に聴く

ヨハネの手紙に聴く
光のうちを歩むために

遠藤勝信［著］

いのちのことば社

はじめに

著者について

新約聖書の後方に置かれた三つの書簡は「ヨハネの手紙」と呼ばれます（シナイ写本〔紀元後四世紀〕の当該箇所の欄外にその名称は見られます）。しかし、本書において著者は自分を名乗りません。辛うじて、第二と第三の書簡に「長老（ギリシア語《プレスビュテロス》）」と役職名を記すのみです。その場合の「長老」は、著者（牧会者）と読者（信徒）の親密な関係性を強調しています。ペテロの手紙第一でも、著者は自分を「使徒（Ⅰペテロ一・一。ギリシア語《アポストロス》）」とも「長老（ギリシア語《プレスビュテロス》）」とも呼んでいることから、両者を別人の呼称とする必要はありません。

著者は自分を「いのちのことば」の「目撃証言者」と自認します（Ⅰヨハネ一・一〜三）。それはヨハネの福音書にも見られる著者の主張です（ヨハネ一・一四、二一・二四）。また、三つの書簡の用語（「はじめ」「ことば」「真理」「光と闇」「愛」「いのち」「とどまる」「新しい戒め」等）と神学（キリスト論、贖罪論、聖霊論等）は福音書と酷似することから、四書の著者はおそらく同一人物でしょう。本書を使徒ヨハネに帰す証言は、エイレナイオス（紀元後一三〇～二〇〇年。『異端反駁』Ⅲ、一六・一八）、アレクサンドリアのクレメンス（紀元後一五〇～二一五年。『ストロマテイス』二～三章、『救われる富者とは誰であるか』三七～三八章）、テルトゥリアヌス（紀元後一五五／一六〇～二二五／二五〇年。『マルキオン反駁』五・一六、『プラクセアス反駁』二八）等に見られます。

三つの書簡の関係性についても述べておきましょう。ヨハネの手紙第二と第三は通常の書簡形式（発信人、受取人、祈りと挨拶、本文、結語）で記されています。一頁を左右二列の段組みで記す古代のアレクサンドリア写本（五世紀）では二書簡はそれぞれ一列の分量ですから、原本はパピルス紙一頁の書簡であったと推測されます。一方、第一の手紙には発信人も受取人も記されず、文書は短い警告のことばで閉じられています。第一の手紙が先に「教えの書」としてまとめられ、それを送付する際に、第二と第三の手紙（第二は「選ばれた婦人とその子どもたち」、第三は「ガイオ」宛）が書き添えられた可能性もあります。両書簡はそれぞれ第一の手紙の中心主題を反映し、前者は「反キリストへの警告」、後者は「愛の交わりの必要性」に言及しています。

執筆事情

リオンのエイレナイオスによると、使徒ヨハネが当時対峙したのは「偽称グノーシス主義者ら」で、かつてはニコライ派と呼ばれ、当時ケリントスを代表とする異端グループであったとされています（『異端反駁』Ⅲ、一一・一）。霊と肉の二元論を説くグノーシスの思想には、肉を否定的にとらえて禁欲に走るものもあれば、逆に、霊との分離を根拠に、肉における自由奔放な生き方へと傾くものもありました。ヨハネの手紙に言及される「反キリスト」（Ⅰヨハネ二・一八）、もしくは「偽預言者」（同四・一）は、後者であったと思われます。その教えがグノーシス思想を反映していたことは、彼らの霊肉二元論に基づくキリスト理解にも現れています。ケリントスはキリスト（霊、神）とイエス（肉、人）を分離して理解し、人（肉）となられたキリストを否定しました。著者がキリストの受肉を強調して教えるのは、そのためです（同一・一、二・二二、四・二、五・一、Ⅱヨハネ七節）。

ニコライ派に関してはヨハネの黙示録にも名が挙げられています（二・六、一五）。彼らは、偶像に献げたいけにえをイスラエルの子らに食べさせ、淫らなことを行うようつまずきを置いた異教の占い師バラム（二・一四）や、イスラエルを偶像礼拝へと誘ったイゼベル（二・二〇）のようにふるまった偽預言者たちでした。それを三つの手紙の背景とみなすなら、当時、偽教師たちの悪しき影響下に置かれていた教会に、あらためてキリストによる贖罪の意義を確認させ、神の愛の交わりに招き入れられて、神の子どもとされた者たちの新しい倫理がいかなるものかを説く著者の目論見が明らかとなります。

主題1――光の中を歩む

著者は「いのちのことば」を伝える目的を、すべての者が御父また御子イエス・キリストとの交わりに招き入れられるため（Iヨハネ一・三）、またそのことで「喜びが満ちあふれるため」（同一・四）と記します。神は光（真理）であり、闇（偽り）が全くないお方です（同五節）から、その交わりに加えていただくために、私たちはすべての不義をきよめていただかなければなりません（同九節）。そのために神は御子を世に遣わし、「罪のための宥めのささげ物」（二・二）をささげてくださいました。御子は罪を犯した者のために「御父の前でとりなして」（同一節）くださいます。救いとは、この交わりに招き入れられることであり、闇の中から光の中へと移していただくことを意味します。ですから、教会の交わりに身を置きつつも、自分の罪を認めず、なおも闇の中を歩み続けているなら、自分を欺いていることになると著者は警告します（同一・六）。

では、どのようにして私たちは自分の偽りに気づけるのでしょう。その真偽は愛の実践に現れると著者は教えます。「光の中にいると言いながら自分の兄弟を憎んでいる人は、今でもまだ闇の中にいるのです」（二・九）と。

ヨハネの手紙第三には対照的な二人の人物が描かれます。一人は手紙の受信人であるガイオ（三〜八節）であり、もう一人はディオテレペス（九〜一〇節）です。ガイオは真理のうちを歩み、教会の交わりの中だけでなく、外から来る巡回伝道者たちにも尊敬と愛を表しました。一方、ディオテレペスは、著者をはじめとする兄弟たちを受け入れず、意地悪なことばで罵り、他の信徒らを巻き込んで教会から追い出す有様でした。しかし、キリストがご自分のいのちをささげて示してくださった愛に倣い（Iヨハネ三・一六）、ことばや口先だけでなく、行いと真実をもって愛を実践すること（同一七〜一八節）こそ、私たちが光の中を歩んでいることの証しとなります。

主題2――罪を犯さないため

「私の子どもたち。私がこれらのことを書き送るのは、あなたがたが罪を犯さないようになるためです」（Iヨハネ二・一）と、もう一つの執筆目的が明らかにされています。「神から生まれた者はみな罪を犯さない」（同三・一〜九、五・一八）と著者が繰り返すのは、当時の教会に、律法（ユダヤ教の律法の意味ではなく、キリスト教倫理）に対して自由にふるまう輩《やから》が幅を利かせていたからでした。

しかし、救いが御父また御子との交わりにあずかることを意味し、御子は「罪を取り除くため」（同三・五）、また「悪魔のわざを打ち破るために」（同八節）来られたのだとしたためら、なおも罪を犯し続けてよいはずがありません。私たちはすでに、「神の子ども」（同一節）として扱われる存在であり、やがて「キリストに似た者」（同二節）とされます。この希望に生きる私たちは、もはや自堕落な生活にとどまり続けたいとは願いません（同三節）。しかし、地上を生きる私たちはなおも悪魔のわざに翻弄され続けます。そのような私たちのために、神は聖霊（「注ぎの油」同二・二〇）をお遣わしくださり、またみことばの種（「神の種」同三・九。参照、二・一四、二四、Ⅱヨハネ九節、ヤコブ一・一八、Ⅰペテロ一・二三）を心に植えつけてくださいました。神のうちにとどまり（Ⅰヨハネ三・二四、四・一三、一五）、キリストのうちにとどまり（同二・二七、三・六）、聖霊とみことばにとどまり続けるとき、私たちは罪の力から自由にされ、神の子どもとして胸を張って歩む者とされるのです。

主題3——新しい命令（戒め）

みことばは、「新しい命令（ギリシア語《エントレー・カイネー》）」と言い換えられています（Ⅰヨハネ二・八。新改訳2017ではエントレーを通常「戒め」と訳す〔マタイ五・一九、一五・三、二二・三六等〕）。それは「古い命令（モーセの律法）」に対するもので、主の弟子たちは最後の晩餐の席でイエスから受け継ぎました。弟子たちの足を洗い終えたイエスは、「あなたがたもまた、互いに足を洗い合わなければならない」（ヨハネ一三・一四）と教え、また「わたしがあなたがたを愛したように、あなたがたも互いに愛し合うこと」（同三四節）を「新しい戒め（ギリシア語《エントレー・カイネー》）」として与えました。その「新しさ」とは、御子イエスを通して現れた人知を超えた神の愛（ギリシア語《アガペー》）の新しさと言えます。

神の命令（戒め）を守るとは、命じられたことを怠りなく守ることではありません。パリサイ派の人たちはその点で間違ってしまいました。そうではなく、そこで求められているることは、御父と御子との交わりにおいて分かち合われる全き愛（Ⅰヨハネ四・一八）に共鳴し、みこころがなることを祈りつつ、愛のわざに生きることなのです。

主題4――イエスこそキリスト

著者は第一書簡の後半と第二書簡で、繰り返し異端グループに言及しています（Ⅰヨハネ二・一八、二二、四・三、Ⅱヨハネ七節）。かつてイエスは終末予兆の一つとして「偽預言者たちの現れ」（マルコ一三・二二、マタイ二四・一一、二四）に言及されました。著者はそれを「反キリストの現れ」と重ねています。彼らは「イエスがキリストであることを否定」しました。もしイエスが人として来られたこと（人性）を否定するなら、贖罪の根拠

(「罪のための宥めのささげ物」Ⅰヨハネ二・二、「罪をきよめる御子の血」同一・七）が揺らぐことになります。かつて交わりに属していた彼らは、混乱を引き起こしたあげく(同二・二六)、教会から出て行きました(同一九節)。そのことで教会は痛みを経験し、悲しんだことでしょう。

そして、それは今も繰り返されています。今日、ヒューマニズム（人間中心主義）の時流の中、人間イエスの側面がことさらに強調される傾向があります。健全なキリスト理解はイエスの神性と人性を正しく告白することにあるのですが、独自の解釈によってそのバランスが崩れるときに異端が生じます。

教会が、そして神の子どもたちが健全な成長を遂げていくために、「イエスこそキリスト」（Ⅰヨハネ五・一）との告白を明確にしつつ、交わりを重んじ、みことばと御霊にとどまり、光のうちを歩み続けていきましょう。

目次

1　いのちのことばの現れ

〈Iヨハネ一・一〜四〉

神の存在をめぐって

ケンブリッジ大学のトリニティ・カレッジは一五四六年に創設されたカレッジで、これまでに物理学や数学の分野で数多くのノーベル賞受賞者を排出しています。少々煤《すす》を帯びたゴシック建築の校門を入って右手に大きなチャペルがあり、そのロビーには万有引力の法則を見いだしたことで有名なアイザック・ニュートンの彫像が置かれています。彼はこのカレッジで学び、教え、優れた業績を残した科学者の一人でした。科学者であるだけでなく神学者でもあり、彼の著書『プリンキピア』の中で、宇宙の体系を生み出した全能者、万物の創造主に言及しています。『プリンキピア』の正式名称は『自然哲学の数学的諸原理』であり、決して神学書ではないのですが、本の末尾に次のような言葉が添えられています。

「神は君主としてすべてを統治する。神は仮想上の存在ではなく、実体的にも普遍的にも存在する。」

キリスト教を国教とする英国社会においては、科学者でありつつ同時に信仰者であり得る一つの見本として、アイザック・ニュートンの存在はこれからも注目され続けるでしょう。宇宙の法則を眺めたとき、ニュートンは、それをデザインし、すべてを統治し、実体的にも普遍的にも存在する神の存在を見つめました。

一方、同じケンブリッジ大学で理論物理学を講じてきたスティーヴン・ホーキングという科学者がいます。『ザ・グランド・デザイン』（邦訳、『ホーキング、宇宙と人間を語る』エクスナレッジ）というタイトルの本を出版し、それが英国で反響を呼びました。その中で、彼は「宇宙誕生に神は必要ない」と記したのです。宇宙で観察される様々な偶然を説明するのに、必ずしも神の存在を想定する必要はないというのです。そういった主張は、啓蒙主義以後の人々にとっては自然に受けとめられるものなのかもしれません。なぜなら、それこそが「近代科学」という営みの本質でもあるからです。

人間が実験によって反証し得ない領域、すなわち神の領域を想定する世界をひとまず括弧に括り、それ以外のところで物事の関わりを解明しようとすること、神の存在を前提としない説明こそが科学の仕事です。しかし、その科学を営むニュートンであれホーキングであれ、肯定的にも否定的にも、神の存在を意識したということです。ニュートンは、自らが観察し発見した自然体系そのものを支配している存在に心を馳せました。一方、ホーキングは、「宇宙誕生に神は必要ない」と主張する前に、「神の存在を想定すべきか否か」を問題にしたのです。本来、科学という営みにおいて、それは必ずしも考えなくてよい領域のはずでした。またそれを証明することなど科学においてはできない相談でありながらも、彼は神の存在を問題にしたのです。

人はだれに教えられずとも神の存在を思い描くといわれます。どの文化どの時代においても人は何らかの神の像を追い求めてきました。そして、その事実こそ、人が神のかたちに創造された証拠にほかならないとも言えます。科学者たちが見つめているのは、宇宙の広がりからすれば、きわめて限られた領域を見つめているにすぎません。そしてその領域内で起こる幾つかの偶然をほんの少し説明できたとしても、それで神がいるかいないかという重大な問いに対して安易に結論を出すことなどできるはずもありません。つまり、そこで問われているのは、彼らが科学者であれ信仰者であれ、無神論者であれ有神論者であれ、いかなる世界観に立とうとしているかという選択の問題なのです。

ホーキングがなぜ「神」を問題にしたのか、その背後にあるものについて私は知りません。しかし、ＡＬＳという難病との戦いの中で、「神よ、なぜ」という問いが彼をずっと苦しめてきたのかもしれません。しかし、その同じ病に苦しんだ私の兄（遠藤嘉信）は、病床で「なぜを問うべきではない」と言いました。その苦しみの中で神と向き合い、そして神の愛と出会い、神の導きにゆだねて生きる幸いを味わいました。

「この世に神はおられるのだろうか」という問い、そして「もし神がおられるなら、なぜ」という問いは、私たち人類にとって大きな問題です。その問いに対する答えを探して、私たちは聖書に向かいます。聖書は、「はじめに神が」と記します。ローマ人への手紙一章二〇節に、「神の、目に見えない性質、すなわち神の永遠の力と神性は、世界が創造されたときから被造物を通して知られ、はっきりと認められる」と記されています。「はたして神はおられるのだろうか」という深遠な問いを抱きながら生きる人類に対して、神は、はじめからその事実を示してこられました。具体的に、歴史的に、そして現実的に、神はおられるという証言が、キリストの訪れ、クリスマスという奇跡的出来事によって示された、と福音書は語ります。奇跡とは、「人の常識においては起こり得ない出来事、もしくは現象」のことを言いますが、神がご自身を人類の歴史のただ中に啓示されたという出来事はまさにそれでした。それははじめから奇跡的なのであって、人の常識的判断から生まれたものではないのです。

子どものころ、聖書のお話を聴いて、とても不思議な気持ちになったことを覚えています。「どうして聖書に奇跡物語が記されているのだろう」と。「もし聖書に奇跡物語がなく、倫理的、道徳的教えだけが記されていたなら、もっと多くの人が聖書に親しめるのではないか」と子どもながらに思いました。しかし、聖書を学ぶにつれ、また同時に、人間の認識の限界や世界観の狭さを意識するようになったとき、聖書の中にある救いが、人知を超えたもの（すなわち、奇跡的なもの）であるからこそ、それが「いのちの希望」と呼び得るのではないかと思うようになりました。

聖書には、神が私たちを愛するゆえにお与えになった「いのちのことば」が記されています。それは、私たち人間が、しっかりと耳を傾けて、聴かなくてはならない神の奇跡的なことばなのです。

いのちのことば

さて、手紙の著者ヨハネは、ヨハネの福音書の著者でもあると言われます。福音書と同様、彼はこの手紙においても自分を名乗りません。辛うじて、第二の手紙と第三の手紙において、「長老から」と、その役職名だけを記すにとどめています。彼はいっさい自分のことを語りません。彼が語ろうとしていることは、シンプルに、自分の耳で聞き、自分の目で見たこと、手でさわったことのみ、すなわち神がご自分を現そうとされたことだけです。

「初めからあったもの、私たちが聞いたもの、自分の目で見たもの、じっと見つめ、自分の手でさわったもの、すなわち、いのちのことばについて。このいのちが現れました。御父とともにあり、私たちに現れたこの永遠のいのちを、私たちは見たので証しして、あなたがたに伝えます。」(一・一〜二)

冒頭に手紙の主題が明示されています。それは、「初めからあったもの」で、それをヨハネが「自分の耳で聞き、自分の目で見、自分の手でさわるようにして確かめたこと」に関する証言であるということです。一節で「初めからあったもの」と述べられていることは、二節において「御父とともにあり、私たちに現れたこの永遠のいのち」と言い換えられています。ヨハネの福音書の序文にも同じような表現があります。一章一節に、「初めにことばがあった」とあり、その「ことばは神とともにあった」と述べられます。そして、このことばに「いのちがあった」と四節に続きます。一四〜一六節では、人となられたことばのうちに弟子たちは神の栄光の現れを目撃し、満ち満ちた恵みと真理とに圧倒される様子が描かれています。

この救いについては、旧約聖書が何千年という気の遠くなるような時間の中で預言してきた事柄でした。旧約聖書の時代において人々はその希望の中に生きたのです。ヘブル人への手紙一一章一三節に、「これらの人たちはみな、信仰の人として死にました。約束のものを手に入れることはありませんでしたが、はるか遠くにそれを見て喜び迎え、地上では旅人であり、寄留者であることを告白していました」と記されています。新しい時代（新約の時代、主が統治する時代〔Anno Domini〕）に生きることが許された者の特権について、主イエスは次のように述べています。

「しかし、あなたがたの目は見ているから幸いです。また、あなたがたの耳は聞いているから幸いです。まことに、あなたがたに言います。多くの預言者や義人たちが、あなたがたが見ているものを見たいと切に願ったのに、見られず、あなたがたが聞いていることを聞きたいと切に願ったのに、聞けませんでした。」（マタイ一三・一六〜一七）

それは長い間人類が待ち続けてきたものであり、人々の目には隠されてきたものでした。しかし、そのいのちのことばが時至って現れた。しかも、それは確かに人が自分の耳で聞き、自分の目で見つめ、手でさわるようにして確かめられるかたちで示されたということをヨハネは強調しています。神が私たちにお与えくださった救いとは、だれかが考え出した、何ら具体性を伴わない概念ではなく、歴史的に実現した何かであるということの強調です。

また、ヨハネは「現れた」と記しています。それは、私たちが探り求め始める前に存在していたものが現れたということです。ある学者は、この「初めから御父とともにあったいのち」について、それは神が天地万物を創造されたとき、神が人類にお与えになった「いのち」を指していると理解しています。「いのち」は初めから存在していました。けれども、そのいのちを失わせたものは人間でした。しかし、神はその失われた「いのち」を回復するために、救いのご計画を立ててくださいました。このいのちは神のことばによってもたらされました。それは救い主イエス・キリストであり、十字架の贖いのことばです。神は、そのみことばによって人類がいのちを回復してゆく救いの道を開いてくださいました。ヨハネがこの手紙を通して読者に届けたい知らせは、「初めから御父のもとにあった永遠のいのちのことばが、今や人類に現され、それを驚きと感動をもって目撃した者たちがいた」という証言です。

聖徒の交わり

私たちの教会では、礼拝のたびに「使徒信条」を用いて「信仰告白」をしています。「信仰告白」とは、私たちの教会がいったい何を信じ、何に希望を置き、また何を重んじているのかを、神と人の前に明らかにすることです。そして、それは、賛美、祈り、感謝のささげ物、みことばの宣教、聖餐式とともに礼拝を成り立たせている、とても大切な行為です。この信仰告白のために、教会はかなり早い時期から「使徒信条」を用いてきました。

「我は天地の造り主、全能の父なる神を信ず。我はその独り子、我らの主、イエス・キリストを信ず」と続きます。そして、このお方は聖霊によって人として生まれ、私たちのために十字架による贖いのみわざを完成し、三日目によみがえり、神の右の座に着座されました。やがて主は再び来られ、生ける者と死にたる者すべてに対して正しいさばきを行われます。その後に五つの信ずべき事柄が挙げられますが、その中に「聖徒の交わり」というものがあることに目を留めたいと思います。「我は聖なる公同の教会、聖徒の交わりを信ず」と。「聖徒の交わり」を信じるとはいったい何を意味しているのでしょう。「聖徒」、すなわち、神がご自身の民として取り分けてくださった者たち。「聖徒」の「聖」は「特別なことに取り分ける」、「聖別」を意味します。すなわち、神がご自身の御国を受け継ぐ子どもとして取り分けてくださった者たち、神がご自身の民として招いてくださった者たちが形成する交わりであることを信じる告白であり、またそれを重んじ、大切にするという私たちの誓約でもあります。

「交わり」という言葉は、一般社会においてはあまり特別な意味をもたないものかもしれません。教会にはじめて来られた方々は、クリスチャン同士の会話の中に、頻繁に「交わり」という言葉が出てくるのを聞いて、何となく戸惑いを覚えるのではないでしょうか。日本語の辞書で、「交わり」の項目を引くと、せいぜい「付き合い」「交際」「男女間の契り」ぐらいの説明しか見当たりません。

しかし聖書においては、さらに豊かな意味がこの「交わり」という言葉に込められています。「交わり」に相当するギリシア語の単語は、「コイノニア」です。礼拝の後にもつ「愛餐会」を、そう呼んでいる教会もあります。「コイノニア」は、「コイノネオー」という動詞から派生した名詞で、「分かち合う」という意味の言葉です。それがペンテコステの日に誕生した初代教会のあり方を特徴づけていたとも言えます。使徒の働き二章四四～四七節に当時の教会の様子が描かれています。「信者となった人々はみな一つになって、一切の物を共有し、財産や所有物を売っては、それぞれの必要に応じて、皆に分配していた。そして、毎日心を一つにして宮に集まり、家々でパンを裂き、喜びと真心をもって食事をともにし、神を賛美し、民全体から好意を持たれていた」と。「みな一つになって」、「一切の物を共有し」、「心を一つにし」、「パンを裂き」「食事をともにし」とあります。そこに麗しい分かち合いがあり、真実な交わりが形成されていた様子がうかがえます。それこそが教会を特徴づけていた大切な精神であったということです。

御父また御子との交わり

ヨハネは、「私たちとの交わり」と言った後で、その「私たちの交わりとは、御父および御子イエス・キリストとの交わりである」と言い直しています。

「私たちが見たこと、聞いたことを、あなたがたにも伝えます。あなたがたも私たちと交わりを持つようになるためです。私たちの交わりとは、御父また御子イエス・キリストとの交わりです。」（一・三）

それは、単に使徒ヨハネ、また彼を長とする教会の交わりの中に招かれていくということだけでなく、同時に三位一体なる神との交わりの中に招き入れられていくという出来事を意味しています。神は、私たちに御国を受け継ぐ子どもとしての特権をお与えくださいました。私たちが神との交わりに迎え入れられるということは、神が所有なさるすべてのものを分かち合う者であると認められたということでもあります。永遠のいのちも、神の国における住まいも、そして神の子どもとして永遠に生きる特権も、神が私たちに分かち合って（コイノネオー）くださるのです。教会による福音宣教の使命は、したがって人々を教会に導くこと以上に、父なる神、子なるキリスト、聖霊なる神との交わりへとお招きすることにあるわけです。

　ここで、三節後半のヨハネの論じ方に注目したいと思います。第一に、ヨハネが御父および御子イエス・キリストとの交わりに言及する前に、「私たちと交わりを持つようになるためです」と記した点についてです。私たちの福音宣教の働きはどこから始められるのかといえば、やはり「私たち」というところからでしょう。人々が教会に招かれていくとき、そこに様々な人と人との出会いがあります。両親がクリスチャンであったとか、友人が導いてくれたとか、あるいは、小説を通して救いに導かれる人もいます。バッハの音楽を聞いて救いに導かれたという方もおられます。いずれにせよ、何らかのかたちで人が介在します。私たちが自ら受けた恵みを証しする交わりが、人を御父および御子イエス・キリストとの交わりへと招く大事な糸口になるのだとしたら、その務めを十分に果たせるよう祈らずにはいられません。

　第二に注目したことは、「警告」の側面です。ヨハネはここで、「私たちとの交わり」と「御父および御子イエス・キリストとの交わり」という二つの交わりを想定しています。穿った言い方をすれば、私たちは教会において「人との交わり」にあずかっていても、真の意味で「神との交わり」にあずかってはいないということが起こり得るということです。もちろん、神は私たちをご自身との交わりへと招いておられるゆえに、教会の交わりの中に迎えてくださっていることには変わりがありません。確かに私たちは招かれています。しかし、その招かれた私たちが、まだ神の招きに応答していないということがあるのです。日本の社会は義理人情の社会です。そこにある人と人とのつながりは大切にするけれども、目に見えない神との交わりにはあまり関心を向けていない場合があるのです。ヨハネが筆を執ったのは、実はそういった傾向が当時の教会の中にも見られたからでした（その点は六節のところで触れます）。確かに、神は私たちを、ご自分との交わりに招こうとしておられます。神はあらゆる恵みを分かち合おうとしておられます。神が所有なさるすべてのものを分かち合うことを願っておられるのです。けれども、私たちはその交わりをあまり重んじていません。神が私たちと分かち合うことを切望しておられるほどには、それを求めてもいないのです。ここに今日の教会の課題があります。

交わりの喜び

ヨハネは福音宣教が目指しているもう一つの目的を記します。

「これらのことを書き送るのは、私たちの喜びが満ちあふれるためです。」（一・四）

ヨハネが「喜び」としたことはいったい何でしょう。この「喜び（ギリシア語で「カラ」「カリス」と発音）」という言葉をいくつか聖書の中に拾ってみます。最後の晩餐の席で主が語られたことばに、「わたしの喜びがあなたがたのうちにあり、あなたがたが喜びで満ちあふれるようになるために、わたしはこれらのことをあなたがたに話しました」（ヨハネ一五・一一）とあります。「わたし（イエス）の喜び」が、「あなたがた（弟子たち）の喜び」として認識され、それが「満ちあふれる」ことを、イエスは弟子たちに願われました。またルカの福音書一五章七節に「一人の罪人が悔い改めるなら、悔い改める必要のない九十九人の正しい人のためよりも、大きな喜びが天にある」とあり、一〇節には「一人の罪人が悔い改めるなら、神の御使いたちの前には喜びがある」と繰り返されています。聖書の至るところに、天の「喜び」について語られています。

救いにあずかる者たちが起こされていくこと、滅び行くたましいが救いに導かれていくこと、失われた者が見いだされていくこと、放蕩息子が愛の父のもとに立ち返ること、そのことが御父の喜びであり、主イエス・キリストの喜びです。そして神との交わりに招かれた一人ひとりが、日々の歩みにおいてますます神との交わりを確かにし、神と共にあることを心から喜べる交わりへと導かれていきます。私たちの交わりを通して神を愛する民が起こされ続けていきます。そのようにして、私たちの喜びが満ちあふれるようになることを礼拝ごとに共に告白しつつ実践していきましょう。

2　光のうちを歩む

〈Ⅰヨハネ 一・五〜一〇〉

愛の手紙

ヨハネの手紙を、ある人は「愛の手紙」と呼びます。それは、この手紙の中において「神の愛」という主題が繰り返し繰り返し語られているからです。そして、その神の愛の豊かさについて理解するために、まず私たちは、神とはどのようなお方であられるのかということについて理解を深める必要があります。ヨハネは、そこでまずはじめに光なる神について記しています。

本題に入る前に、この手紙を記すヨハネについて少し触れておきましょう。教会伝承によると、この手紙は使徒ヨハネが晩年に記したものだそうです。おそらく九十歳を迎えたころにではないか、と。主イエスの弟子のうちで最も長生きして教会を導いた主のしもべでした。ヨハネの福音書には、著者の人となりについてほとんど記されていません。もっとも、彼は自分を決して名のらずに、「主に愛された弟子」としては登場します。自分が主を愛したのではなく、主に愛された存在であることを自認しています。福音書に収められた幾つかのエピソードでは、使徒ペテロといろいろな意味で対照的な人物として描かれます。ペテロが行動派であったのに対して、ヨハネは慎重派であり、ペテロが激情的であったのに対して、ヨハネは冷静になすべきわざを着々と担っています。復活の朝の場面では、彼はペテロよりも足が速かったという、一見不必要な情報も記されています。ヨハネの福音書を読むかぎりにおいて、とても安心できる人となりを想像することができます。

ところが、共観福音書を開きますと、ヨハネの別の一面を知らされます。マルコの福音書三章一七節では、彼はイエスから、「ボアネルゲ（ヘブル語《ブネイ・レゲシュ》、すなわち、雷の子」というあだ名を付けられています。ギリシア語の辞書には、感情的で怒りっぽい人を指すあだ名だとありました。実際に彼がそう呼ばれた理由を暗示させるような出来事が、共観福音書に記されています。

イエスがある町をお通りになったとき、その町の人たちがイエスを受け入れなかったようです。その人たちの話していることを聞いて義憤したヨハネは、「主よ。私たちが天から火を下して、彼らを焼き滅ぼしましょうか」（ルカ九・五四）と提案して、イエスに叱られたことがありました。またあるとき、イエスが病人を癒やし、悪霊を追い出されたのを見た人が、それを真似て悪霊を追い出そうとしているのを見たとき、ヨハネは激しく怒り、それをやめさせようとしたことがありました。そのときもイエスはヨハネを叱られました。「とても狭い了見で自分たちだけが正しいことを行っていると思い込み、他のグループが少しでも違うことを行っているのを見ると、批判したくなる。しかし、神の国に仕えるしもべは決してそうであってはならない」と諭されました。「やめさせてはいけません。あなたがたに反対しない人は、あなたがたの味方です」（同五〇節）と。

あるときには、ヨハネは自分の兄弟ヤコブを連れてイエスのところにやって来て、言いました。「あなたが栄光をお受けになるとき、一人があなたの右に、もう一人が左に座るようにしてください」（マルコ一〇・三七）と。このときばかりは他の弟子たちはみんな唖然として、ヨハネとヤコブに腹を立てました。イエスはそれを見て、弟子たちを引き寄せて言われました。「あなたがたの間で偉くなりたいと思う者は、皆に仕える者になりなさい。あなたがたの間で先頭に立ちたいと思う者は、皆のしもべになりなさい。人の子も、仕えられるためではなく仕えるために、また多くの人のための贖いの代価として、自分のいのちを与えるために来たのです」（同四三〜四五節）。

激情的で粗削りのイメージは、ペテロにのみ帰されるものではなく、ヨハネもまた同様の弱さをもっていました。「雷の子」と呼ばれるような荒々しさを内に秘めていたのです。

普段は心の奥深くに隠れているのですが、事あるごとにそれは表面に現れ、周りの人たちを戸惑わせ、傷つけることがある。しかし、そういった弟子たちがイエスと出会い、イエスのもとで訓練され、育てられ、整えられていったという軌跡が聖書に記されています。あらためて思うことは、イエスが弟子にお召しになった者たちは、みな不完全で、足りなさを抱えた人物であったということです。だれ一人、はじめから立派な人などいませんでした。イエスがご自分の使命を記した次の言葉が思い起こされます。

「医者を必要とするのは、丈夫な人ではなく病人です。わたしが来たのは、正しい人を招くためではなく、罪人を招くためです。」(マルコ二・一七)

ヨハネはガリラヤ湖の漁師でした。毎日、網を打ち、魚を市場に運び、破れた網を繕うだけの人生でした。ところが、人生の途上において、神が長い年月をかけて人類の救いのために備えてこられた救いの出来事に遭遇するのです。神の贖いのみわざは、ご自身の御子イエス・キリストを通して実現しました。神がこのお方を通してご自身の愛を世に現し、だれもが通って救われる道を備えてくださいました。人類の救いの訪れ、神の愛の現れが、まさにイエス・キリストのうちに実現しました。ヨハネはイエスとの出会いを通して神を目撃し、救いの訪れを確信し、そこに満ちあふれて流れ出る神の愛を味わったのです。

ヨハネの変容は、イエスの十字架の死に立ち合ったときから始まりました。最後の晩餐の席で目撃したことをヨハネはこう記しています。「さて、過越の祭りの前のこと、イエスは、この世を去って父のみもとに行く、ご自分の時が来たことを知っておられた。そして、世にいるご自分の者たちを愛してきたイエスは、彼らを最後まで（別訳「余すところなく」）愛された」（ヨハネ一三・一）と。イエスの内から愛があふれ出ていること、またその愛は余すところなく示されていたと弟子たちは思い起こしています。

イエスは、たらいに水を汲み、弟子たち一人ひとりの足を洗われました。人の足を洗うことは、当時のしもべたちでさえ免除されていた行為でした。しかし、主はそれをご自分の務めとされました。そこには、やがて担われる十字架の意義が示されていました。イエスは、人々の汚れた足ならぬ、穢《けが》れた心を洗い流すために十字架の死にまでも従われました。そこに神の愛の現れがあると、ヨハネは手紙の中に繰り返し記しています（Ⅰヨハネ三・一六、四・九～一〇）。イエスの愛は十字架の上で叫ばれた言葉の中にも、またよみがえって、弟子たちにお会いになってからも現され続けました。イエスのご生涯のはじめから終わりまで神の愛の現れがあるというのが弟子たちの証言です。

粗削りで、激情的で、早合点で、自己中心であった主の弟子たちが、イエスとの出会いと交わりを通して神の愛を自分の耳で聞き、自分の目で見、自分の手でさわるようにして体験し、少しずつ少しずつ学んでいきました。それが神の愛の光に照らされるという経験です。照らされれば照らされるほど自分の闇が露《あらわ》にされます。自分の傲慢さに、自己中心性に、罪の現実に気づかされます。

言い伝えによると、晩年のヨハネの口癖は「兄弟たちよ、互いに愛し合いなさい」であったといいます。ヨハネにも自分の愛する弟子に裏切られるという経験がありました。自分から離れていく弟子の後ろから、老いたからだを引きずり、何度もつまずき倒れながら、「愛する我が子よ、愛する我が子よ」と叫び続けたそうです。雷の子とかつて呼ばれたヨハネが愛の人と呼ばれるに至り、こうして愛の手紙を記している。私たちもまたヨハネが体験し、人格を新たにし、心に愛を豊かに住まわせることになった「いのちのことば」としっかりと向き合いたいと思います。

みことばを前にするとき、私たちは、単に文字を見つめているのではありません。みことばを通してご自身の愛を現しておられる、生ける真実な神と出会い、このお方と交わりをもとうとしています。聖霊なる神はみことばを通して、私たちにキリストを指し示します。そして、このお方は私たちを父なる神との豊かな交わりへと招いてくださいます。招かれた者は、さらに神の光に照され、月が太陽の光を反映するごとくに神の愛を現していく者とされていきます。そのようないのちの希望が私たちに与えられているのです。

神は光であり

「私たちがキリストから聞き、あなたがたに伝える使信は、神は光であり、神には闇

が全くないということです。」(Ⅰヨハネ一・五)

キリストを通して知らされたことは「神には闇が全くない」という事実であった、とヨハネは証言します。ギリシア語では「ほんの少しもない、これっぽっちもない」という強調表現で記されています。神が私たちにお与えくださる救いを正しく理解し、しっかりと受けとめるためにどうしても見つめなければならないこと、「そこから」始めなければ福音を正しく理解したことにはならないことがあります。それは「神は光である」という知らせからです。

聖書において光は神のご性質を表します。神が光であられるというとき、人は神の絶対的な正しさを覚えずにはいられません。また、光は聖さを表します。汚れを寄せつけることのできない全き聖さです。「わたしは聖である」と宣言される神。

結婚式のときに花嫁を花婿へと導くヴァージンロードが教会堂の中央に敷かれます。父が牧師であった私は、子どものころから幾つもの結婚式に立ち会い、ときには姉とともにフラワーボーイをしました。子どもながらに、真っ白で糊の効いたヴァージンロードに、ある種の聖さのようなものを感じたことを覚えています。いつも、教会堂を遊び場にしていた私も、さすがにこの上だけは上ってはいけないと思いました。私たちは、聖いものの前に厳粛な思いにさせられます。

かつて、モーセが燃える柴の前でイスラエルの民をエジプトの地から贖い出される神と出会ったとき、神はモーセに言われました。「ここに近づいてはならない。あなたの履き物を脱げ。あなたの立っている場所は聖なる地である」（出エジプト三・五）と。神の聖さが現される場所を人は土足で踏みにじってはなりません。それは、聖なる神の御前に私たち罪人が問われ続けることなのです。

神のことばを委ねられた預言者たちの多くが、この神の聖さについて証言しています。イザヤは神の臨在を覚えたとき叫びました。「ああ、私は滅んでしまう。この私は唇の汚《けが》れた者で、唇の汚れた民の間に住んでいる。しかも、万軍の**主**である王をこの目で見たのだから」（イザヤ六・五）と。人は、多くの点で言葉によって罪を犯すものです。それゆえに、預言者は自分を「唇の汚れた者」と振り返ります。預言者エゼキエルも主の栄光を拝したとき、ひれ伏したと記されています（エゼキエル一・二八、三・二三、四四・四）。聖書は神の聖さについて証言しています。聖なる神の前に立たされるとき、人は自分の罪を見つめ、心の汚れについて知らされるのです。

「神は光であり、神には闇が全くない」という知らせを、ヨハネはイエスを通して聞き、それを私たちと分かち合おうとしています。なぜそのことが重要なのでしょうか。なぜそのことが出発点なのでしょうか。それは、私たちが聖なる方との交わりへと招かれているからです。その交わりの中に人は罪を持ち込むことを許されません。罪は人と人との交わりを壊すだけでなく、神と人との交わりを失わせるからです。それは私たちが想定する以上に決定的です。聖なる神と出会うまで、私たちはその深刻さに気づきませんでした。罪の影響力とそれがもたらす結果について、罪の影響力について全く無知であり、無関心であったからこそ、「その神と交わりがある」と告白しながら、なお闇の中を平気で歩み続けてきたのです。

六節でヨハネはこう記します。

「もし私たちが、神と交わりがあると言いながら、闇の中を歩んでいるなら、私たちは偽りを言っているのであり、真理を行っていません。」

キリストを通して神を知り、神との交わりへと招かれていくということは、神の光の中で新しい歩みを始めていくことを意味しているからです。では、神の光の中を歩むとはどういうことなのでしょうか。私たちが光の中を歩んでいることは、どのようにして確かめられるのでしょうか。ヨハネはこのことについて、次の節で二つのことを述べています。

「もし私たちが、神が光の中におられるように、光の中を歩んでいるなら、互いに交わりを持ち、御子イエスの血がすべての罪から私たちをきよめてくださいます。」（七節）

一つめのことは、私たちが神との交わりの中にあるとき、御子イエスの贖いのみわざの効果がその人のうちに現れるということです。「御子イエスの血がすべての罪から私たちをきよめ」とあります。ここで、「きよめる」という動詞は現在形で記されています。ギリシア語の場合、現在形には継続の意味が付与されています。つまり、御子の十字架の贖いのみわざがその人のうちに進められ、深められ続けていくのです。聖なる神との交わりはその人の罪の性質をきよめ続けます。すべての罪から私たちをきよめる、と言われています。ヨハネはここで、神との交わりが具体的に私たち一人ひとりの生き方に影響を及ぼすことを強調しているのです。

二つめのことは、私たちが「互いに交わりを持つ」ようになるという変化です。私たちが神との交わりの中にあるとき、私たちは他者へと向かうようになります。ペテロの手紙にこうあります。

「あなたがたは真理に従うことによって、たましいを清め、偽りのない兄弟愛を抱くようになったのですから、きよい心で互いに熱く愛し合いなさい。」（Ｉペテロ一・二二）

この節は、「たましいのきよめは、偽りのない兄弟愛を目標としている」とも訳せます。

つまり、私たちのうちになされるきよめのわざは、偽りのない兄弟愛を目標としているということです。「きよめ」のわざは、確かに私たち個々人の事柄であり、聖なる神の前に立たされる私たち自身の課題です。しかし、それは私たちを自分自身から他者へと向かわせます。

ここで、あらためて「きよさ」という言葉の意味を思い起こす必要があるでしょう。聖書において「きよさ」ということばがもつ大切な意味の一つは「取り分けられる」という意味です。神のものとして取り分けられるということ、神のご本質のほうに引き寄せられるということです。そして、その神のご本質は「愛」であると教えられています。神は愛の神であるゆえに、交わりを尊ばれます。それで、こうして御子の十字架の死という大きな犠牲を支払ってまで、私たち罪人をご自身との交わりへと招いてくださいました。そしてその贖いのみわざによって神のものとされ、神のご本質のほうへ取り分けられた者たちのうちに神の愛が注がれていきます。神から注がれるその愛は、私たちを他者との交わりへと向かわせることになるのです。

神の真実な招き

「もし自分には罪がないと言うなら、私たちは自分自身を欺いており、私たちのうちに真理はありません。もし私たちが自分の罪を告白するなら、神は真実で正しい方ですから、その罪を赦し、私たちをすべての不義からきよめてくださいます。」（Ｉヨハネ一・八～九）

私たちの愛する主は、確かに私たちをご自身との交わりへと招いておられます。そして、そこに、より確かで豊かな交わりが形成されていくことを願っておられます。しかし、その神の交わりを妨げるものが私たちのうちに潜んでいることを自覚していなければなりません。五節に「神は光であり、神には闇が全くない」とありました。罪が私たちを神から引き離し、遠ざけるのです。あのアダムとエバが神のことばを疑い、神に背いて罪を犯したとき、「神である主の御顔を避けて、園の木の間に身を隠した」（創世三・八）と記されています。それこそが人間の罪の性質です。それがどんなに小さな罪であっても、光のうちに住まわれる神、聖であられる神との関係を損なわせ、不自然なものに変えてしまうのです。

それゆえ、私たちをご自身との交わりへと招いておられる神は、何よりもまず私たちが自分の罪に気づくこと、罪の性質と誠実に向き合うよう促し、励まし、導かれます。人はあまりにも自分の罪に対して無頓着であり、寛容すぎてしまうために、真の解決を遅らせてしまいます。私たちを愛し、罪の束縛と永遠の滅びから救い出そうとしてくださる神は、ご自身の御子を通して、私たちに罪に対して正しい向き合い方を示しておられます。

六節に、「もし私たちが、神と交わりがあると言いながら、闇の中を歩んでいるなら、私たちは偽りを言っているのであり、真理を行っていません」とヨハネは記します。神との交わりへと招かれた者たちは、その交わりを確かなものとすることを願い、それを真実なものとしていただくために光なる神のほうへと近づいていきます。神と交わりがあると言いながら、なお闇の中にとどまり続けることなどあり得ないのです。七節にあるように、「互いに交わりを持ち、御子イエスの血がすべての罪から私たちをきよめてくださる」ことを求めるようになります。暗闇のほうから光のほうへと向きを変えて、新しい歩みを始めていくのです。

ヨハネは、神との交わりに関するこの理解を十分に深められずにいたクリスチャンたちを励まします。「確かに、あなたがたは主イエスをキリスト（神が遣わしたメシア）と信じて救われた人たちです。神との交わり（コイノニア）へと招かれた人たちです。けれども、まだあなたがたの理解は十分ではありません。神が今あなたがたに求めておられることは何でしょうか。そこで、私たちが見つめなければならないことは何でしょう」と。

ヨハネは条件文を幾度も繰り返しています。

「もし私たちが、神と交わりがあると言いながら、闇の中を歩んでいるなら……」（六

節）

「もし私たちが、神が光の中におられるように、光の中を歩んでいるなら……」（七節）

そして、八節に三番目の条件節が続きます。

「もし自分には罪がないと言うなら、私たちは自分自身を欺いており、私たちのうちに真理はありません。」

「もし、罪がないと言うなら」という条件節からうかがい知れるのは、ヨハネがこの手紙で向き合おうとしている人たちは、自分のうちには罪がないと主張する人たちであったということです。だからこそ、闇の中にとどまり続けていたとも言えます。彼らは自分には全く罪がないとまでは思っていなかったでしょう。小さな落度はあり得るし、だれにでも間違いはあります。けれども、人や社会に迷惑をかけるほどに深刻な罪を犯してはいないと思っていたのではないでしょうか。しかし、神の光の前に立つとき、決して胸を張ることなどできません。私たちが考えてきたほど、そう簡単なことではないのです。私たちが見過ごしてきた罪はそれほど軽くありません。私たちは自分が何気なく語った言葉やふるまいが、身近な人を傷つけ、落胆させてきたのかをあまり知りません。でも、傷つけられた本人はいつまでも覚えています。目に見える兄弟姉妹に対してそうであるのなら、まして目には見えないお方に対して、私たちはどれだけ配慮のない言葉を口にし、そのお方のお心を踏みにじってきたことでしょう。罪とは、何よりも聖なる神のご主権に対するものです。

ダビデは詩篇一九篇一三節で、「あなたのしもべを 傲慢から守ってください。それらが私を支配しないようにしてください。そのとき私は 大きな背きから解き放たれて 全き者となるでしょう」と、主の助けを求めて祈っています。罪とは、神を神とせず、神のものを神のものとせずに、自分を神として生きることを意味しています。これまでの私たちの歩みは神の光に照らされたとき、罪はなかったと言い得るでしょうか。私たちの歩みは、神を神とする歩みであったでしょうか。神のみこころを尊んで生きる歩みであったでしょうか。私たちは自分の罪を正しく知る術をもち得ません。

もちろん、神は私たちの心に良心を植えつけ、善悪を判断する知識をお与えくださいました（たとえば、ローマ二・一五）。しかし、それは罪によって曇らされているため、正しく用いることができません。ある程度は正しくても、完全ではありません。どこかに偏りが生じ、歪みが生じて、厄介な問題を引き起こしてしまいます。

検察官の不祥事を耳にします。人間の罪を裁く立場にある人の心を自己保身の罪が支配するとき、恐ろしいことが起こります。不祥事を起こした部下の罪を軽く考えた上司が、その小さな罪に巻き込まれ、大きな罪を生み出します。そしてそれは、決して彼らだけのことではなく、私たちも同じように抱えている問題なのです。

人間は、そういう意味で、だれ一人完全な人などいません。罪の性質をだれもが抱えており、その誘惑に対しては無防備です。そういった現実をよく知っておられる主は、その真の解決のためにご自分をおささげくださいました。神の御ひとり子が身を低くし、仕える者となり、ご自身のいのちさえ惜しまずに差し出してくださいました（ピリピ二・六〜八）。それほどに人間の罪は重く深刻であるという現実を、十字架は物語っているのです。「それでもなお、あなたは罪に対して無頓着であり続け、無関心を装い続けることができますか」と、ヨハネは問いかけます。

四番目の条件節について。

「もし私たちが自分の罪を告白するなら、神は真実で正しい方ですから、その罪を赦し、私たちをすべての不義からきよめてくださいます。」（Ⅰヨハネ一・九）

十字架の福音です。「罪を告白する」とは、単に自分が罪人であることを公言するだけでは十分でありません。クリスチャンは、案外簡単に自分は「罪人のかしらだ」と証しします。それは、聖書に記されたパウロの告白（Ⅰテモテ一・一五）やペテロの失敗を取り上げて、「それは決して私だけの問題でない」というところに安心し、「彼らもそう告白したのだから、この私も」という気軽さで唱えていることがないでしょうか。そうすることで実は、自分の心を蝕む罪の現実から目を逸らしているのかもしれません。その告白には罪の赦しときよめとを求める切なる祈りが伴わなければなりません。罪を告白するとは、罪を認め、罪を自分のうちに支配させないことを願いつつ、その処理を神にゆだねることを意味しています。

自分が神のみこころにかなわないことを行っているという自覚を、クリスチャンであるならどこかにもっているはずです。けれども、それを神の前に「罪」であると認めることを遅らせることがあります。それを認めでもしたなら、直ちに罪の生活に終止符を打たなければならなくなるからです。ところが、その勇気がありません。もう少しだけ甘美な生活にとどまっていたいとどこかで願っているのです。悪魔が私たちを誘う罪の生活は、私たちの目に慕わしいのです。あのエデンの園で最初の人類が見つめた園の中央にある木の実は彼らの目に慕わしかった、とあります。

その慕わしさに心を奪われ、決断を遅らせていると、いつまでも闇の中にとどまり続けてしまいます。けれども、そこで思い起こさなければなりません。「もし私たちが、神と交わりがあると言いながら、闇の中を歩んでいるなら、私たちは偽りを言っているのであり、真理を行っていない」（Ⅰヨハネ一・六）という現実を。聖なる神の御前に、また十字架の死にまで従われた贖い主の御前に、私たちには赦されるべき罪がないと言い張ること以上に傲慢なことはありません。そこに罪があるにもかかわらず罪を認めないなら、その罪は赦されることもきよめられることもなく、その人の人格、その人の人生を支配し続けることになります。私たちには、罪の力を無力にする「赦し」がどうしても必要なのです。

それゆえ、「もし私たちが自分の罪を告白するなら、神は真実で正しい方ですから、その罪を赦し、私たちをすべての不義からきよめてくださいます」とヨハネは記します。「神は真実で正しい方ですから」とあります。神は私たちの罪の赦しときよめのみわざにおいて真実であられ、また正しい方であられるということ、それこそが私たちに伝えられた良き知らせ、福音です。罪の赦しは神の真実に基づいています。いのちさえ惜しまずにお与えくださった主イエス・キリストの真実に基づいた「赦し」なのです。

そして、最後（五番目）の条件節について。

「もし罪を犯したことがないと言うなら、私たちは神を偽り者とすることになり、私たちのうちに神のことばはありません。」（Ⅰヨハネ一・一〇）

三つめの条件節（八節）でも、自分のうちにある罪に気づいていないことの問題点が取り上げられていました。それは自分自身を欺くことであり、真理から自分自身を遠ざける原因となってしまうという指摘です。それに対して五つめの条件節では、「もし罪を犯したことがないと言うなら、私たちは神を偽り者とすることになる」と。

これまで、ヨハネは人間の罪の深刻さについて述べてきました。それがいかに神と人との交わりを妨害し、心の目を塞ぎ、闇の中を歩ませてしまうのかを。さらに深刻なのは、それが私たちの心の深みに潜んでおり、日常の生活において意識されることが少ないという点にあります。

大学では、学期末試験で不本意な成績をもらった学生が異議申し立てをすることが認められています。その学生と面談をする前に、レポートや答案用紙の確認をしたうえで学生と向き合います。「まずお尋ねします。あなたには何か心当たりはありませんか。」ほとんどの学生が「いいえ。何もありません」と真顔で応えます。それはつまり、「間違っているのは先生の評価のほうです」ということです。「では、これがあなたの答案です」と言って、一つ一つの問いに対して、どう答えるべきだったのかを丁寧に説明していきます。すると、「ちゃんと答えたつもりなのに、こんなにズレていたのですね。恥ずかしいです」と、ほぼ百パーセントの学生が自分の足りなさに気づきます。

私たちは案外、自分のことがわかっていません。自分のうちに潜む問題や足りなさに気づいていないのです。「自分には罪がない」（八、一〇節）と真面目な顔で応えてしまいます。しかし、そのことでいかに私たちは自分自身を欺き、真理からだいぶ逸れてきたことでしょうか。それゆえ、神は忍耐深く、そして大きな犠牲を払って、私たちと向き合い続けておられるのです。にもかかわらず、なおも私たちが「罪を犯したことがない」と主張し続けるなら、自分を欺き続けるだけでなく、神を欺き、「神を偽り者」（一〇節）としてしまうのです。「神さま、勘違いしているのはあなたのほうです」と。そう応えてしまうのは、私たちのうちに神のことばがないからである（同節）と、ヨハネは根本的な問題を指摘します。

神のことばは「いのちの光」（ヨハネ一・四、八・一二、ヨブ三三・三〇、詩篇五六・一三、一一九・一〇五、一三〇）として私たちの心を照らし、問題点を指摘し、足りなさに気づかせてくれます。それゆえ、みことばの生活から離れると、罪に対する私たちの感覚は鈍くなり、気づきを遅くしてしまいますから、注意する必要があるのです。

3　弁護してくださる方

〈Iヨハネ二・一～六〉

神の真実

「私の子どもたち。私がこれらのことを書き送るのは、あなたがたが罪を犯さないようになるためです。」（Iヨハネ二・一a）

これまで、神との交わりがあると言いながら、なお闇の中にとどまり続ける者に対して語ってきたヨハネは、今度は忠実な信徒たちに向けて語ります。「私の子どもたち。私がこれらのことを書き送るのは、あなたがたが罪を犯さないようになるためです」と。私たちは、神が真実な方であることを学んできました。その真実とは、神には闇が全くないという事実であるとともに、罪人に対しても向けられる真実です。

神は、ご自分の愛する子どもたちとの交わりを尊ばれます。だからこそ、その交わりを壊す罪に対して無関心でいられないのです。罪は私たちを神から引き離そうとします。しかし神は、罪ある私たちをご自分との交わりへと招かれます。そしてその招きは、私たちが罪を悔い改め、立派なクリスチャンになってから迎え入れられる交わりへのものではありません。パウロは、この招きについて、「しかし、私たちがまだ罪人であったとき」(ローマ五・八)と語ります。

ザアカイの物語もそのことをよく表しています。ザアカイは、当時のユダヤ教社会において罪人の代名詞でもあった取税人でした。当時のユダヤはローマ帝国の支配下にあり、税を払う義務を負わされていました。取税人たちはその税を取り立てる役人でしたので、ユダヤ人はみな彼らを憎んでいました。金銭に目が眩んで母国を裏切り、神を裏切った罪人とみなされたのです。そういった職に身を落とす者たちの中には、その立場を悪用して私腹を肥やす者もいました。ザアカイはまさにその張本人だったのです。

ザアカイもイエス来訪の噂を聞きつけて、取税所から飛び出しました。そして人垣がまだ築かれていないところに先回りをし、いちじく桑の木に登って待っていました。そんなザアカイの前でイエスは立ち止まり、彼の客となられました。町の人たちは驚き、「あの人は罪人のところに行って客となった」と文句を言いました。けれども、イエスはザアカイに、「人の子は、失われた者を捜して救うために来たのです」(ルカ一九・一〇)と言われました。ザアカイの客となられたイエスに対して町の人たちが文句を言ったということは、当時の人々の理解からすれば、「神は正しい人を招き、罪人を遠ざけられる」というのが神の真実だったのでしょう。ところが、イエスが示す神の真実とはその真逆でした。イエスは、ザアカイに悔い改めを迫ったわけではありません。「出直して来なさい」と、追い返すこともなさいませんでした。ザアカイの友となられたのです。彼が悔い改める前にです。まだ罪の中にあったときにです。彼のたましいのうちに神を遠ざける性質（罪）が残されているうちにです。イエスは彼が取税人であることを咎めることも、彼の不正を責めることもせず、彼を受け入れてくださいました。そこに、神の真実があるのです。けれども不思議なことに、イエスを通して神の真実と出会ったザアカイのうちに、何かが始まっていきました。「主よ、ご覧ください。私は財産の半分を貧しい人たちに施します。だれかから脅し取った物があれば、四倍にして返します」（同八節）と宣言しました。咎められてそうしたのでも、責め立てられて、立ち上がったのでもありません。客となり、友となられたイエスとの交わりに招き入れられたとき、ザアカイは自分で罪と向き合い始めたのです。これまでの不正な行為を一切合切清算し、新しい歩みを始めたいと心から願うようになりました。

神との真実な交わりは、私たちのうちに、自分の罪に対する真実な応答を呼び起こすのです。「神は真実で正しい方ですから」とあります。神は、罪ある私たちを愛し受け入れてくださるという意味において真実なお方です。そして、その罪が真の意味で見つめられ、私たちがその解決のために歩み出すことを願われるほど正しいお方です。罪が罪のままであり続けること、私たちが暗闇の中を歩み続けることを良しとなさらないほど正しいお方なのです。

とりなしてくださる方

しかし、ここで問題となることがあります。神の真実と出会い、自分の罪と向き合いながら新しい歩みを始めた人が、その途上において罪を犯してしまうとき、どうしたらよいのかということです。ほとんどのクリスチャンが直面させられるこの問いに対してヨハネは丁寧に応えます。

「しかし、もしだれかが罪を犯したなら、私たちには、御父の前でとりなしてくださる方、義なるイエス・キリストがおられます。」(Ⅰヨハネ二・一b)

私たち罪人を招いてくださった主ご自身が、私たちの「とりなし手(新共同訳では「弁護者」)となっていてくださるというのです。ここで「とりなし手」と翻訳されているギリシア語「パラクレートス」(動詞は「パラ」〔傍らに〕+カレオー〔呼ぶ〕)の語源の意味は、

「傍らに呼ばれた者」という意味です。新約聖書の他の箇所では「助け主」と訳されています（ヨハネ一四・一六、二六、一五・二六、一六・七）。もしその人が悲しみに沈んでいるなら、慰めるために傍らに寄り添う人、なす術もなく座り込んでいるなら、助けるために呼ばれる人です。そして、その人が法廷に立たされるとき、被告人を弁護するために呼ばれた人（新共同訳では「弁護者」と訳す）のことです。

ヘブル人への手紙に、キリストについてこう記されています。

「私たちの大祭司は、私たちの弱さに同情できない方ではありません。罪は犯しませんでしたが、すべての点において、私たちと同じように試みにあわれたのです。ですから私たちは、あわれみを受け、また恵みをいただいて、折にかなった助けを受けるために、大胆に恵みの御座に近づこうではありませんか。」（四・一五〜一六）

イエスは十字架上で、愚行に興じるローマ兵らのためにとりなしの祈りをささげられました。「父よ、彼らをお赦しください。彼らは、自分が何をしているのかが分かっていないのです」（ルカ二三・三四）と。そしてその祈りは一回限りのものではなく、今は父の右の座に着いて、私たちのために続けていてくださるのです。私たちが罪の中にとどまり続けることなく、光のうちを歩むことができるために、主は私たちのために弁護者ともなって、傍らに立ち、とりなし続けていてくださるのです。

そして、ただ単に私たちのとりなし手となってくださっただけでなく、ご自身が私たちの罪が赦されるための「宥めのささげ物（ギリシア語《ヒラスモス》）」となってくださいました。このささげ物は、罪人が神の恵みにより罪を赦していただくために献げられるもの（propitiation）です。もし、神との交わりに招かれ、神の子としていただいた者が罪を犯してしまうとき、キリストが弁護者となって寄り添うだけでなく、なんと、さばき主の前にご自分を宥めのささげ物として差し出されるというのです。

天の法廷において明らかにされることは、「私たちのうちに罪はない」ということではありません（Iヨハネ一・八、一〇）。私たちは決して自分の罪に対して無知であってはなりません。しかし、その罪が正しく扱われ、そこに真の解決がもたらされるために、神が私たちになしてくださったことの大きさに気づきたいと思います。キリストは、ご自分の愛する者が罪を犯し、さばかれようとするとき、弁護人としてだれよりも早く駆けつけ、その罪の負債を直ちに支払って、御父に罪の赦しを宣言していただくためにとりなしてくださったということに。キリストが十字架にかかり死なれたこと、そして三日目によみがえり、神の右の座に着座されたというのはそういうことであり、十字架の救いとはそういうことであるということに。そして、この救いはいま神との交わりに招かれている者たちだけに与えられた特権ではなく、全世界に開かれているとヨハネは補足しています。「いや、私たちの罪だけでなく、世全体の罪のための宥めのささげ物です」（二・二b）と。十字架の血はすべての人のために流されました（参照、ヨハネ一・二九、Ⅰヨハネ四・一四）。しかし、それは全世界の人々の罪が自動的に赦されたということではありません。ヨハネはこの手紙の中で、神の招きに応答し、キリストと結ばれて神との交わりにとどまり続けることの重要性について述べています（Ⅰヨハネ五・一一～一三）。

最後の晩餐の席で、イエスは弟子たちだけでなく、彼らを通して神との交わりにあずかる人々のためにもとりなしておられます（ヨハネ一七・二〇）。父の御前でとりなしてくださる御子の祈りと献身に、神との交わりに招かれた私たちもまた参与させていただきましょう。

神を知るとは

「もし私たちが神の命令を守っているなら、それによって、自分が神を知っていることが分かります。神を知っていると言いながら、その命令を守っていない人は、偽り者であり、その人のうちに真理はありません。」（Ⅰヨハネ二・三～四）

三節で「もし私たちが神の命令を守っているなら、それによって、自分が神を知っていることが分かります」と述べたことを、四節では逆から言い直しています。ヨハネは手紙の読者に信仰の自己吟味を迫っています。私たちが本当に神を知っていると言えるのかどうか、また私たちの信仰告白が実質を伴うものであるのかどうか。そこに偽りがないかどうか。ヨハネがこの手紙において強調することは、信仰とは神との交わりであり、人格的信頼関係の構築であるということです。そこに、血の通った温かな交わりがあるかどうかです。イエスはかつて弟子たちに、この交わりについて、ぶどうの木のたとえを用いて説明されました。

「わたしはぶどうの木、あなたがたは枝です。人がわたしにとどまり、わたしもその人にとどまっているなら、その人は多くの実を結びます。わたしを離れては、あなたがたは何もすることができないのです。わたしにとどまっていなければ、その人は枝のように投げ捨てられて枯れます。」（ヨハネ一五・五～六a）

以前、観賞用に育ててきた大事な鉢植えの枝を誤って折ってしまったことがありました。まだ青々とした葉をつけて生気の感じられるその枝をどうにか幹につなげて、（自分の失敗を）なかったことにできないかと無駄な抵抗を試みました。添え木を当て、セロハンテープを何重にも巻いて様子を見ることにしました。しかし、時間が経つにつれて、枝は垂れ、葉は色を失っていきました。枝が幹に結びついているというのはとても繊細なことなのだとあらためて思いました。どんなに細工を施して、つながっているように見せかけても、そこに血の通った真実なつながりがなければ、いのちを失って枯れてしまうのです。

それゆえ、この自己吟味はとても大切なのです。そして、そのための試金石として、ヨハネは「私たちが神の命令を守っているかどうか」という問いを投げかけます。私たちが神の命令を守るなら、それによって自分が神を知っていることがわかる。しかし、そうでないなら、いくら「私は神を知っている」と告白しても、それは偽りを述べているにすぎない、と。とても厳しい問いかけです。それは、私たちの愛の交わりがとても繊細で、ごまかしの効かないものであるということでもあります。

では、「神の命令を守る」とはどういうことでしょうか。この「命令（ギリシア語《エントレー》）」という言葉について、ヨハネは七節以降で詳しく説明しています。それは、「古い命令」に対する「新しい命令」のことで、それを最後の晩餐の席で語られたイエスのみおしえから受け継いでいます。「わたしはあなたがたに新しい戒め（ギリシア語《エントレー》）を与えます。互いに愛し合いなさい。わたしがあなたがたを愛したように、あなたがたも互いに愛し合いなさい」（ヨハネ一三・三四）とあります。この晩餐の席でイエスは弟子たちに、「互いに足を洗いなさい」と命じておられます。ご自分が弟子たちの足を洗い終えた後で、こう言われました。「わたしがあなたがたにしたとおりに、あなたがたもするようにと、あなたがたに模範を示したのです」(同一五節)と。
ヨハネが「神の命令」について述べるとき、イエスが弟子たちにお与えになった「新しい戒め」、すなわち「互いに愛し合いなさい」という愛の戒めを思い描いていたことは明らかです。そして、晩餐の席で弟子たちに示されたキリストの模範を思い起こしていたのです。だから六節で、「神のうちにとどまっていると言う人は、自分もイエスが歩まれたように歩まなければなりません」と教えているのです。それは、「互いに愛し合う」という命令です。このことについては後述することにして、ここで問題になっていることを明確にしておきましょう。

「もし私たちが神の命令を守っているなら」とヨハネが語るとき、それは神の命令を尊び、それを重んじるということです。アダムとエバは神から与えられた、たった一つの戒めさえ軽んじてしまいました。そして、それが彼らの罪とみなされました。神の戒めを守るというのは、そこで命じられていることを怠りなく守ることを意味しているのではありません。パリサイ派の人たちはその点で間違っていました。怠りなく守ることが大事なのではなく、神のご意思を自分も大切なものとして受けとめているということの現れである、「血の通った愛の交わりがある」という事実が大事なのです。五節にこうあります。

「しかし、だれでも神のことばを守っているなら、その人のうちには神の愛が確かに全うされているのです。それによって、自分が神のうちにいることが分かります。」

ここでは、「神の命令（ギリシア語《エントレー》）」の代わりに、「神のことば（ギリシア語《ロゴス》）」が使われています。「ことば」のほうが、「命令」よりも意味範囲が広く、神の御旨の全体を含んでいると言ってよいでしょう。換言すれば、神が大切なこととしておられるものを、私たちも大切にし、重んじ、その実現のために生きようと願うことです。ここで、「神のことばを守っているなら」とありますが、それは、何よりもその人がどのように生きようとしているのかという点を問題にしています。人間には不完全さがあり、足りなさがあって、神の戒めを完全に守ることができません。けれども、そういった限界、弱さの現実を知りつつも、なお、神が願っておられるほうへ向かって歩み続けること、神に喜ばれる歩みを求めて歩み続けること、その歩みが神と交わりをもつ人に求められているのです。神の愛を知り、神がなされた贖いのわざを知った人、ご自身との交わりへと招くだけでなく、その道備えもなさる神の真実に気づいた人は、神の戒めを愛する歩みへと導かれていきます。だから、神のことばを守る人のうちには神の愛が全うされているのであり（五節）、神を本当に知っている（四節）のです。

4　新しい戒めを生きる

〈Ⅰヨハネ二・七〜一一〉

豊かな人生の条件

『友よ歌おう』というゴスペルフォークの歌集に、「豊かな人生の条件」という曲があります（作詞・山内修一、作曲・カルバリ）。子どものころ、日曜学校や伝道集会などでよく歌われていました。とても歌いやすく、覚えやすい歌詞とメロディで、今でも口ずさむことがあります。「豊かな人生の条件は」と始まるこの歌詞の意味を、子どものころはきっと何もわからずに、ただメロディを追いかけていたのだと思います。

「豊かな人生の条件は聖書の中に、歴史の始まる以前から啓示されています。まことの神を敬い、罪を悔い改め、まごころ尽くしてキリストに従うことです。知識も名誉も財産も、はかないものです。自分の努力や才能も、限りがあるでしょう。

まことの神を敬い、罪を悔い改め、まごころ尽くしてキリストに従うことです。
本気で条件守るなら、あなたの人生は、試練のときでも喜びがあふれてくるでしょう。
まことの神を敬い、罪を悔い改め、まごころ尽くしてキリストに従うことです。
豊かな人生の条件を整えるために、主イエスは十字架で苦しみを受けられたのです。
まことの神を敬い、罪を悔い改め、まごころ尽くしてキリストに従うことです。」

この讃美歌は、「豊かな人生の条件は」と歌いだします。「豊かな人生がある」、それはなんと素敵な知らせでしょう。

人はだれでも祝福された人生、豊かな人生を望みます。それを願わない人などどこにもいません。その祝福を求め、豊かさを求めて必死です。でも、得られず、不安と焦り、不平とつぶやきの人生に陥っている人が少なくありません。はたして「豊かな人生」などあるのだろうかと、はじめからあきらめている人も多いでしょう。けれども聖書には確かに、「豊かな人生」があるという知らせが記されています。豊かな人生の条件、それは、聖書の中に、はるか昔から、はっきりと示されています。ここにあなたがしっかりと立って歩むなら、必ず与えられるのです。

時代は変わり、人の考えや生き方も変わります。私たちを取り巻く環境や社会も変わります。でも、豊かな人生の条件は変わることがありません。そのことがしっかりさえしていれば、だれでも得られるものであり、逆にこの点がしっかりしていないなら、たとえ経済的に富み、この世で名声を博したとしても、それらが本当の豊かさを保証するとは限らないのです。裕福で社会的立場も保証されている人が不幸な人生を歩んでいるということもあります。

「豊かな人生の条件は聖書の中に、歴史の始まる以前からはっきりと示されている。」それは、「まことの神を敬い、罪を悔い改め、まごころ尽くしてキリストに従うことです」。とてもシンプルな条件です。「神を敬い、罪を悔い改め、キリストに従うこと」。ここに本気で立つなら、だれにでも与えられていく確かな人生。その人には「試練のときでも喜びがあふれてくる」という不思議。そして、その「豊かな人生の条件を整えるために、主イエスは十字架で苦しみを受けられたのです」と、この讃美歌は締め括ります。「豊かな人生の条件は、聖書の中にある」という確信に、私たちはいつもしっかりと立っていたいと思います。

ただし、「条件」という言葉を誤解してはなりません。神の愛は無条件です。それはゴルゴタの丘ではっきりと示されました。でも、私たちが豊かな人生を歩むためにもっと大切にされるべき生き方があるのです。

新しい戒めとして

「愛する者たち。私があなたがたに書いているのは、新しい命令ではなく、あなたがたが初めから持っていた古い命令です。その古い命令とは、あなたがたがすでに聞いているみことばです。」（Ⅰヨハネ二・七）

ヨハネは、これまで教会の信徒たちに「豊かな人生の条件」を提示し続けてきました。私たちの幸いは神との交わりのうちにある。ぶどうの木であるイエスのうちにとどまること、神の戒め、神のみことばを重んじる歩みに幸いがある。だから、あなたが本当にそこに立っているかどうかを試しなさいと、信仰の自己吟味を勧めてきました。あなたは、「神と交わりがあると」唱えるだけでは十分でありません。「神を知っている」と言う人は神のみこころをも知り、それに従おうと願います。「みことばを守っている」と言う人は、い、い、い、い、い、信じているように生きるはずです。信仰には具体的な生活が伴うとは、聖書のもう一つの主張（信仰と信仰に基づく実践）です。ヤコブの手紙一章二二節と二三節に、こうあります。

「みことばを行う人になりなさい。自分を欺いて、ただ聞くだけの者となってはいけません。みことばを聞いても行わない人がいるなら、その人は自分の生まれつきの顔を鏡で眺める人のようです。」

ヤコブの手紙二章一四節には、「私の兄弟たち。だれかが自分には信仰があると言っても、その人に行いがないなら、何の役に立つでしょうか」とあります。主のみおしえを喜びとし、昼も夜もその教えを口ずさみ、それを思い巡らしながら、みことばの土台の上にしっかりと築き上げられていく人生は、豊かな実を結ばせていくことになります。「その人は 流れのほとりに植えられた木。時が来ると実を結び その葉は枯れず そのなすことはすべて栄える」(詩篇一・三)とあります。

ヨハネが二章七節で、「私があなたがたに書いているのは、(決して)新しい命令ではない」と述べているように、「豊かな人生の条件は聖書の中に、歴史のはじまる以前から啓示されて」いるのです。ここで「古い命令」と呼ばれているものは、モーセを通して与えられた律法を指していると思われます。律法と聞きますと、厳格さや重々しさを発想しますが、意外にもその中心にあるのは神の愛です。イエスはあるとき、律法学者との対話で次のように教えられました。

「『先生、律法の中でどの戒めが一番重要ですか。』イエスは彼に言われた。『「あなたは心を尽くし、いのちを尽くし、知性を尽くして、あなたの神、主を愛しなさい。」これが、重要な第一の戒めです。「あなたの隣人を自分自身のように愛しなさい」という第二の戒めも、それと同じように重要です。この二つの戒めに律法と預言者の全体がかかっているのです。』」（マタイ二二・三六～四〇）

神を愛し、隣人を愛すること、それが神の戒めであり、律法である、とイエスは教えられました。そのみおしえを弟子たちはすでに聞いてきたし、また教えられてきました。しかし、ヨハネはそれを「新しい命令」（Ⅰヨハネ二・八ａ）として手紙に記します。その場合、ヨハネはどこに「新しさ」を見いだしているのでしょうか。

ヨハネは続けて、「それはイエスにおいて真理であり、あなたがたにおいても真理です。闇が消え去り、まことの光がすでに輝いているからです」（八節ｂ）と記します。つまりその新しさは、神の愛の内容が御子イエス・キリストを通して、いよいよ豊かに、いよいよ鮮明に現されたという事実にあります。それをヨハネは、「闇が消え去り、まことの光がすでに輝いている」と説明します。神の愛が、このときはじめて豊かになった、完成したということではありません。それは初めから豊かであり、完全なものでした。けれども、人間の罪がそれを覆い隠し、見えなくさせてきたのです。だから、本来、愛の戒めであったはずの律法がその愛の視点を見失い、人は自分の正しさを確保するために律法を必死になって学び、またそこに到達できずにいる人々を見下し始めたのです。

ルカの福音書に記されているパリサイ派の人の祈りは決して他人事ではありません。「神よ。私がほかの人たちのように、奪い取る者、不正な者、姦淫する者でないこと、あるいは、この取税人のようでないことを感謝します」（一八・一一）とは言わないまでも、自分の立派さを誇り、また、そうすることができずにいる人たちを見下しているなら、私たちのうちに神の愛はありません。

けれども、神は私たちのもとにご自身の愛する御子を遣わし、私たちの罪の身代わりとして十字架の上におささげになりました。神は実に、そのひとり子をお与えになるほどに、私たちを愛してくださいました。ヨハネの手紙第一、三章一六節には、「キリストは私たちのために、ご自分のいのちを捨ててくださいました。それによって私たちに愛が分かったのです」と記されています。キリストを通して神の愛がいよいよ豊かに、いよいよ鮮明に現されました。そこに、愛の命令の新しさがあるのです。イエスも最後の晩餐の席で弟子たちに言われました。


「わたしはあなたがたに新しい戒めを与えます。互いに愛し合いなさい。わたしがあなたがたを愛したように、あなたがたも互いに愛し合いなさい。」（ヨハネ一三・三四）

「互いに愛し合いなさい」とは、モーセの律法にもありました。けれどもそのみおしえに、主は「わたしがあなたがたを愛したように」という新しい視点を加えられました。すなわち、キリストの愛を模範とし、キリストの愛の軌跡に従って生きる新しい歩みです。ヨハネの手紙第一、二章八節の「私は、それを新しい命令として、もう一度あなたがたに書いているのです。それはイエスにおいて真理であり、あなたがたにおいても真理です」の後半部、「それはイエスにおいて真理であり、あなたがたにおいても真理です」を、「これはキリストにおいて現実のものとなり、また、それはあなたがたのうちにも現実のものとなっていくのです」と翻訳することも可能です。キリストの従順によって確かにされた愛が、キリストに従う私たちの歩みのうちにおいても真実なものとなることが期待されているのです。

すでに語られ、教えられてきたみことばを、日々新しい戒めとして聞き、そこから新しい力と励ましを得て、いよいよ確かな信仰の生涯、豊かな人生を築いていきましょう。

闇の中から光の中へ

「光の中にいると言いながら自分の兄弟を憎んでいる人は、今でもまだ闇の中にいるのです。自分の兄弟を愛している人は光の中にとどまり、その人のうちにはつまずきがありません。しかし、自分の兄弟を憎んでいる人は闇の中にいて、闇の中を歩み、自分がどこへ行くのかが分かりません。闇が目を見えなくしたからです。」（Iヨハネ二・九～一一）

ヨハネは、愛の戒めの実践として教会における兄弟姉妹の間に神の愛が保たれていかなければならないと勧めます。それは、イエスが弟子たちに教えた「互いに足を洗い合う」という愛の実践です。謙遜に他者に仕えるというあり方です。自己中心の愛ではありません。他者を重んずる愛です。当てにならない自分の情から発する気紛れの愛ではなく、他者の必要から発し、それに仕える愛です。

信仰者が陥りやすい失敗の一つに、神への熱心さのあまり、周囲にいる人々（それは身近な伴侶であったり、子どもたちであったり）への配慮を欠いてしまうということがあります。罪の性質をもつ私たちの判断は、それが神の御心にかなうものであるという確信を抱きつつも、どこか独善的で、偏っている場合があるのです。それゆえ、その熱心さは、聖霊の助けと導きによって正しく方向づけられなければなりません。

私たちの古き性質から来る自己中心性は、愛の欠落のうちに現れます。「自分の兄弟を憎んでいる人は闇の中にいて、闇の中を歩み、自分がどこへ行くのかが分かりません。闇が目を見えなくしたからです」（二・一一）とあります。人が憎しみに駆られるとき、その目は遮られます。そして、他者への配慮を欠いてしまいます。決して口にしてはならない言葉を発し、ときに、公平なさばきを歪めてしまいます。普段よく思っていない人のためには、親身になって弁護しようとせず、むしろ、その人を責める意見の側に立ち、不利な証言さえ厭《いと》いません。憎しみはその人の判断を歪めてしまうのです。

けれども一〇節にあるように、「自分の兄弟を愛している人は光の中にとどまり、その人のうちにはつまずきがありません」。後半は直訳では、「つまずきとなるものが、その人のうちにない」となります。「つまずき」という言葉の語源の意味は、「獲物を取るための仕掛け、罠」の呼び名です。英語の「スキャンダル」という言葉の語源となったギリシア語「スカンダロン」です。逆に言うなら、憎しみという感情が、私たちを罪へと誘う罠、光から暗闇へと誘うつまずきとなるということです。それゆえ、この憎しみという感情を放置しておくのはとても危険なことなのです。それは、いつしかその人をつまずかせ、罪を犯させることになりかねません。

憎しみの感情はどのようにして私たちの心に起こるのでしょうか。ほとんどの場合、原因があります。人から受ける理不尽な扱いや、自分が当然受けるべき権利を奪われるという経験です。それは、国家と国家の関係においても、家族や親族の交わりの中にも、兄弟同士、また、教会のコイノニアの中にも起こります。

しかし、「闇が消え去り、まことの光がすでに輝いていています」（八節）。罪の覆いを掛けられ、神を見失い、神の愛を見失って暗闇の中で必死にもがくようにして歩んできた私たちのために、神はまことの光を輝かせ、私たちがいつまでも暗闇の中にとどまることがないようにされました。私たちの心から闇を追い出し、愛の光で照らしてくださる方が、私たちの傍らに寄り添っておられるのです。

5　人生の四季

〈Iヨハネ二・一二～一四〉

自己吟味のために

「子どもたち。私があなたがたに書いているのは、
イエスの名によって、
あなたがたの罪が赦されたからです。」（Iヨハネ二・一二）

これまで、ヨハネはクリスチャンのアイデンティティについて語ってきました。そして、「もしあなたが信仰者として歩んでいるなら」という問い（もしくはチャレンジ）が繰り返されてきました。チャレンジとは、私たちの平常心に揺さぶりをかけ、これまで当然と思ってきた事柄について再確認を迫ります。

学校に出掛けようとする子どもにお母さんが、「何か忘れ物していない？　お弁当持っ

た？　お財布は？　傘は？　教科書は？」と問いかけます。子どもはその質問攻めに正直うんざりしながら、でも、その問いを手掛かりにして身支度を振り返ります。そして忘れ物がないことを確認し、安心して出発します。

ときには、自分の足りなさや問題点を指摘されて、心が痛くなることもあるでしょう。チャレンジとは、私たちが自分自身を吟味し、足りなさに気づいていくためにとても大切です。神は愛する者の歩みに無関心でいられないゆえに、様々なチャレンジを与えられます。私たちの歩みがまっすぐであるかどうか、しっかりとぶどうの木であるキリストに結ばれているかどうか、また愛が本物かどうかを試されます。

ヨハネはこの手紙を通して、キリストの教会に連なる兄弟姉妹にチャレンジを与えています。この本をここまでお読みくださった方も、様々な問いかけを聴いて、厳しさのようなものを感じておられるかもしれません。でも、誤解のないように申しますが、私の説明が厳しいのではなく、厳しさは聖書のみことばのうちにあるということです。みことばは私たちの心に挑戦します。あたかも陶器師が粘土をよく練り、硬い部分を和らげ、陶器師自身の気に入る器を仕上げるように（エレミヤ一八・六）、神はみことばによって、私たちの頑なな心を打ち砕き、そこに愛を注いで和らげ、私たちをご自身に似るものとして整え、造り上げようとしておられます。

みことばはときには優しく、気落ちした者を励まし、罪に悩む者、試みにある者を慰めてくれます。また、私たちを整え、私たちの歩みをまっすぐにするために語りかけます（ヘブル一二・五、一一、黙示録三・一九を開いてください）。みことばの中に慰めを得るとともに、私たちに自己吟味の機会を提供し、歩みを整えるためのチャレンジをしっかりと受けとめたいと願います。

ヨハネが厳しく語らなければならなかった事情がありました。当時の教会の中に、信仰者であると唱えながら、実際にはそのような歩みをしていない者たちがいたのです。特にヨハネの視線は、聖書に基づいた教えと異なる持論を展開し、自らがそうであるだけでなく、他の人にも影響を及ぼしていた者たちに向けられていました。彼らは自信家であり、この世の知識に長け、雄弁家でもありました。これまで素朴に信仰生活を送ってきた人々の中に動揺する者たちが起こっていました。そこでヨハネは筆を執り、間違った教えを語る者たちを非難するとともに、信徒たちに信仰の自己吟味を促しているのです。

一二節から一四節は、前後の文脈から独立した段落を構成しています。この箇所はそれこそ讃美歌のようにリズミカルで、まとまりのある構成となっています。そこに六つの短文があります。最初の三つはいずれも現在形で、「私があなたがたに書いているのは」と記され、後半の三つは過去形で、「私があなたがたに書いてきたのは」と記されています。現在と過去の時間の広がりを感じさせられます。また、六つの文には、はじめに語りかけのことばが置かれています。「子どもたち（よ）」（一二節）、「父たち（よ）」（一三、一四節）、

「若者たち（よ）」（一三、一四節）、「幼子たち（よ）」（一四節）と。「子ども」と「父」という親子関係と、「年長者」、「若者たち」「幼子たち」という世代間の関係が意識されているることがわかります。注目すべきは、それぞれの世代に語りかけられる内容に特徴があるということです。

父たちには、「初めからおられる方を知ったという事実」が、前半と後半で繰り返されています。若者たちに対しては、「悪しき者に対する勝利」という内容が同じように繰り返されています。それぞれの世代に必要なメッセージが書かれているのです。それは、当時の教会の年齢層に合わせて記されているのかもしれませんし、人間の一生が想定されているのかもしれません。いずれにせよ、人が幼少期から青年期を経て、壮年期、熟年期を迎えていく一生のそれぞれの段階で、心に留めるべき教えがあるということでしょう。

ポール・トゥルニエの『人生の四季』（日本キリスト教団出版局）という本を思い出します。トゥルニエは、ジュネーヴ出身の精神科医で、キリスト教信仰に基づいた精神療法を提案した方です。彼は、人の一生を四つの季節になぞらえます。二十歳までの期間を成長期（春の季節）と位置づけます。四十歳までを活躍期（夏の季節）、六十歳までを収穫期（秋の季節）、八十歳までを成熟期（冬の季節）と。そして、それぞれの季節にふさわしい生き方、また、その時期になすべき人生の課題があることを述べています。秋とか冬とかと言いますと、何となく消極的になりがちです。でも、そうではありません。秋と冬こそ人生の真価が問われる、とても大切な季節なのです。

子どもたちへの語りかけ

「子どもたち。私があなたがたに書いているのは、
イエスの名によって、
あなたがたの罪が赦されたからです。」（Ⅰヨハネ二・一二）

「イエスの名によって罪が赦されたこと」、ここに出発点があります。人が考えたことも、人の心に浮かんだこともないこと。神が罪人のために贖いのわざを行ってくださったという恵みの事実。人がこれまで犯し続けてきた罪ばかりでなく、これからの歩みにおいて犯してしまうかもしれない罪に対しても神は赦しを宣言するための根拠を築かれました。やがて私たちが父なる神の御前に立たされたときに、その恵みの大きさに気づかされることでしょう。「わたしはすでにあなたの罪を贖った。だから、安心して永遠の安息に入りなさい」と、神は私たちに語りかけてくださいます。

けれども、その罪の赦しの恵みは、やがて味わうものというだけでなく、いま神との交わりの中で経験し、味わうことが許されているものでもあります。罪の赦しは何より、私

たちと神との交わりのあり方と深く関わっているからです。罪が解決されずにいるなら、私たちは神と真実に交わることができません。罪がその交わりを隔てるからです。預言者イザヤはそのことを次のように述べています。

「あなたがたの咎が、
あなたがたと、あなたがたの神との仕切りとなり、
あなたがたの罪が御顔を隠させ、
聞いてくださらないようにしたのだ。」（イザヤ五九・二）

罪が交わりを隔てる仕切りとなる。それはとても繊細な問題です。人と人との交わりにおいても、そこに誤解や解決されていない問題があるときには、ギクシャクとしたものにしてしまいます。それが無意識のうちに一方的に覚えるわだかまりのようなものであっても、相手と真実に向き合うことを妨げます。他人行儀になり、何ともぎこちないものとなります。もしそうであるなら、私たちの肉の目には見えない神との交わりにおいては、なおさら深刻な問題となります。

それゆえ、ヨハネは勧めます。「もし私たちが自分の罪を告白するなら、神は真実で正しい方ですから、その罪を赦し、私たちをすべての不義からきよめてくださいます」（一・

九）と。罪は確かに私たちの心の目を曇らせます。それは、私たちを闇の中に閉じ込めてしまいます。「兄弟を憎んでいる人は闇の中にいて、闇の中を歩み、自分がどこへ行くのかが分かりません。闇が目を見えなくしたからです」（二・一一）とあるとおりです。

「子どもたちよ」と、ヨハネは呼びかけます。ヨハネにとって、彼らは「神の家族に属する霊の子どもたち」であるということ以上に、神ご自身に愛される「神の子どもたち」です。二章一四節に「あなたがたが御父を知るようになったからです」とあります。神が「父」と呼ばれています。私たちはイエス・キリストへの信仰によって神の子どもとされ（ヨハネ一・一二）、神を「お父さん」とお呼びする特別な交わりが与えられているのです。

放蕩息子のたとえ話（ルカ一五・一一〜三二）はそのことを物語っています。たとえ話の中で弟息子は、世の事柄に心を奪われ、目を塞がれて、父の子とされていることの幸いを感じられなくなりました。むしろ、幸いは世の中にあると虚しい期待を抱いたのです。しかし、結局そこで得たものは空しさと極度の飢えと渇きでした。そこで彼は問い直します。自分が何を失ったのか、本当の居場所はどこなのか、幸いはどこにあるのかを。そして、トボトボと、もと来た道を戻って行くのです。彼になし得たことはそこまででした。せいぜい言い得たことは、「もう、あなたの息子と呼ばれる資格はありません。雇い人の一人にしてください」という反省の弁でした。

このたとえ話で際立っているのは、放蕩息子の悔い改めではなく、彼を雇い人としてではなく、自身の子どもとして受け入れ、子どもとしての特権を回復させることを願った父の愛です。物語は放蕩息子が悔い改めるよりも先にその帰りを待ちわびる親心と、迎えに飛び出した父の姿を描いています。「子どもたちよ。私があなたがたに書いているのは、イエスの名によって、あなたがたの罪が赦されたからです。」この罪の赦しにより、私たちと神との間に、真実で豊かな愛の交わりが始まったこと、そこに私たち信仰者の新しい歩みの出発点があることを見つめ直したいと思います。

父たちへの語りかけ

「父たち。私があなたがたに書いているのは、
初めからおられる方を、
あなたがたが知るようになったからです。」（Ⅰヨハネ二・一三a）

「父たち。私があなたがたに書いてきたのは、
初めからおられる方を、
あなたがたが知るようになったからです。」（一四節b）

同じことが二度繰り返されています。ここで「父たち」と呼ばれているのは、教会における年長者たちのことでしょう。初期の教会において教会の指導者たちが、「パーテル」、「ファーダー」「教えの父（教父）」と呼ばれた時代もありました。しかし、彼らにも若者であった時代があり、幼少期もありました。だれも初めから大人であった人などいません。そして「初め」がありました。罪の赦しを経験し、神の子どもとしていただいた恵みにあずかった出発点です。

「初めからおられる方を知るようになった」時点から始まるクリスチャンライフ。順境の日も逆境の日もあります。幼年期があり、青年期を経て、壮年期、老年期を迎えていきます。その旅路を一足一足と進めて行く過程において、私たちはますます神の恵みの深さと愛の確かさを知らされていきます。神を知る歩みとは、私たちがどれほど深く神に知られているのかに気づかされていく歩みでもあります。足りなさや弱さ、いま直面している問題や課題、そこで涙を流し、心を痛めていることもすべて知っていただいていることに安心し、だからひとりで悩んだり、いつまでもくよくよしたりする必要はなくなっていきます。

イエス・キリストを通して私たちのうちに始められた新しい歩みは、なんと奥深く、幸いな人生でしょう。

若者たちへ

「若者たち。私があなたがたに書いているのは、
あなたがたが悪い者に打ち勝ったからです。」（Ⅰヨハネ二・一三b）

「若者たち。私があなたがたに書いてきたのは、
あなたがたが強い者であり、
あなたがたのうちに神のことばがとどまり、
悪い者に打ち勝ったからです。」（一四節b）

「若者」とは、子どもと父親のちょうど中間に位置します。新しい歩みを始めた者たちがやがて年老いて成熟へと至るその過程において、青年期とは最も活動的で行動範囲が広げられていく時期です。これまでお父さんやお母さんの教えと叱咤激励によって守られてきた子どもたちが、自分の責任において行動し始める時期です。そこでは、世界の広がりとともに、自由を味わうことでしょう。自我の成長とともに感性も豊かになり、喜んだり

悲しんだりする心の広がりも経験します。迷うこともあります。しかし、それは成熟を目指して歩む者がどうしても通らなければならない大切な過程です。そして同時にこの青年期は、人が最も様々なこの世の罪の誘惑を受け、自らの罪と直面し、罪と戦わなければならない時期でもあります。しかし、私たち信仰者には大きな支えが与えられていることを感謝したいと思います。

ヨハネは彼らと向き合いながら、「若者たちよ。私があなたがたに書いてきたのは、あなたがたが強い者であり、あなたがたのうちに神のことばがとどまり、悪い者に打ち勝ったからです」と励まします。

「あなたがたは強い者なのだ。」
「あなたがたは勝利者なのだ。」
「あなたがたはすでに悪い者に打ち勝っているのだ。」

確かに、世にあっては正しく生きようとする者には戦いがあります。私たちを罪へと誘う力はそれほど弱くありません。隙あらば私たちに揺さぶりをかけ、暗闇へと引きずり込もうとする力がこの世にあります。しかし、恐れる必要などありません。ヨハネは、それらの敵と十分に向き合うことができる根拠を示します。「あなたがたのうちに神のことばがとどまり、悪い者に打ち勝ったからです」と。何よりも、神のことばがあなたがたのうちにとどまっている。それによって、悪い者に打ち勝つことができる。みことばのうちにとどまっている者に対して、悪しき者は指一本触れることができない。そこに信仰者の勝利があるというのです。信仰者ダビデを支え続けたものはまさにそれでした。

「どのようにして若い人は
自分の道を 清く保つことができるでしょうか。
あなたのみことばのとおりに 道を守ることです。」（詩篇一一九・九）

「私はあなたのみことばを心に蓄えます。
あなたの前に罪ある者とならないために。」（同一一節）

罪と悪の満ちあふれる今の世にあって、世の光として遣わされていく愛する若者たちが、世の激しい嵐の中で迷うことなく、罪の力に翻弄されることなく、強い者、勝利者として、この大切な時期を過ごしていくことができるために、みことばを蓄え、みことばにとどまり、みことばに生き続けてゆくことができますように。

6　世を愛してはなりません

〈Ⅰヨハネ二・一五～一七〉

「あなたがたは世も世にあるものも、愛してはいけません。もしだれかが世を愛しているなら、その人のうちに御父の愛はありません。」（Ⅰヨハネ二・一五）

世を愛するとは

この節は、一二節から始まる段落の後半部です。一二節から一四節においては、信仰者に与えられた恵みと比類なき特権が思い起こされていました。「子どもたちよ」、「父たちよ」、「若者たちよ」と、ヨハネは様々な世代のキリスト者たちに向けて語りかけました。あなたはすでに罪の赦しを経験しています。罪を赦され、父なる神と和解し、あなたを愛される真実な神との交わりの中に神の子どもとして迎え入れられています。また、あなたは神を知り、このお方から注がれる恵みを味わうという幸いな歩みを許されています。世にあっては戦いがあるとしても、あなたは勇敢であることができます。恐れる必要はありません。なぜなら「わたしはすでに世に勝ちました」（ヨハネ一六・三三）と、すでに勝利を収めておられる主が、あなたの人生と共に歩んでくださるからです。「あなたがたは、悪い者に打ち勝った」（Ⅰヨハネ二・一三、一四）と二度も繰り返してヨハネは記しています。

さて、そのようにクリスチャンであることの積極的な面が覚えられた後で、では、この世にあって信仰者はどのように歩んだらよいのかと、世に対するあり方、その生き方について ヨハネは本質的なことをアドバイスしています。「世も世にあるものも、愛してはなりません」と命じています。それだけを聞きますと、聖書は信仰者に、「世捨て人になれ」、「遁世者になれ」と勧めているかのようですが、そうではありません。むしろイエスは弟子たちを、「世に遣わした」（ヨハネ一七・一八）と言われました。「世の光」（マタイ五・一四）となりなさい、と命じておられます。

それでは、ヨハネにとって「世」とは何を意味しているのでしょうか。ヨハネの福音書一章一〇節に、「世はこの方によって造られたのに、世はこの方を知らなかった」と記されています。この世とは神を知らず、神を認めず、神に敵対し続けるものとして覚えられています。闇は人々の心の目を覆い隠し、神を見えなくさせ、自分がいったいどこへ向かおうとしているのかさえわからなくさせます。「この世」という表現が消極的な意味で用いられることが多いのです。

しかし、それでもなおこの世は神の愛の対象であり、救済の対象です。ヨハネの福音書一章九節に、「すべての人を照らすそのまことの光が、世に来ようとしていた」とあります。ヨハネの福音書三章一六〜一七節には、「神は、実に、そのひとり子をお与えになったほどに世を愛された。それは御子を信じる者が、一人として滅びることなく、永遠のいのちを持つためである。神が御子を世に遣わされたのは、世をさばくためではなく、御子によって世が救われるためである」と。神は世を愛するゆえに、救済の対象としておられます。世をさばくことが目的なのではなく、御子によって救われること、そこに神の愛のまなざしが向けられています。神は創造の初めからずっとこの世を愛してこられました。

けれども、世はその神に敵対し、神から私たちを引き離そうとして働く力に満ちあふれています。それで神は「世を愛し、世にあるものを愛される」ゆえに御子を遣わし、いのちの希望の光を照らし、闇に捕らわれている私たちを救い出してくださいました。神はそこから私たちを助け出そうと必死なのです。愛する御子をさえ惜しまれなかったほどに。神にとって、この世とは戦場であり、御子によって勝利を収めた古戦場なのです。そこは、かつて神の民が捕らわれていたエジプトであり、バビロンと言ってよいでしょう。にもかかわらず、あなたは、エジプトをなおも恋い慕い、バビロンを懐かしんでいるのか、と言われます。

出エジプトのときに、神は圧倒的な御力によって、ご自身の民をエジプトの奴隷の家から解放されました。みわざを目撃した民らは、御力に圧倒され、厳粛な思いにさせられました。神が、自分たちのために戦ってくださったことをまじまじと見せられたからです。ところがしばらくすると、彼らのうちの恵みの記憶は遠のき、エジプトを恋い慕うようになります。エジプト脱出後も、執拗に追いかけてくるエジプト軍との戦いが続きます。食糧や飲み水はすぐに尽き、飢えと渇きに悩まされることになります。直面する戦いに脅え、困難に苦しむたびに、彼らはエジプトを懐かしんで、不平をこぼすようになりました。「ああ、肉が食べたい。エジプトで、ただで魚を食べていたことを思い出す。きゅうりも、すいか、にら、玉ねぎ、にんにくも。だが今や、私たちの喉はからからだ。全く何もなく、ただ、このマナを見るだけだ」(民数一一・四〜六)と。

それは、ちょうどこの世から救い出され、神の民としての新しい歩みを始めた私たちが、自分たちが出て来た場所、すなわちこの世を恋い慕うことと同じではないでしょうか。そこから贖い出されていながら、なお闇のうちにあるものに心をなびかせ、それらに捕らわれているとするなら、あまりにも愚かではないでしょうか。神が取り除きたいと願っているものを私たちが熱心に追い求め、神の御目に虚しいものを必死に得ようとしていることは空しいことではないでしょうか。ヨハネの手紙第一、二章一五節の「あなたがたは世も世にあるものも、愛してはいけません」とは、そういったことを述べているのです。

ここで、「愛してはいけません」とありますが、文脈の意味からすると、それは「そのことだけに没頭し、心を捕らわれ過ぎてはいけません」という意味と取れます。一五節の後半に、「その人のうちに御父の愛はありません」と続いています。この「御父の愛」を二通りに訳せます。「御父を愛する愛（「目的語」と取る）」と解釈することもできますが、「父なる神様から出ている愛、神から受け継いだアガペーの愛（「起源」を表す）」とも取れます。一六節では、「御父から出るもの」と「世から出るもの」が対比されていますから、そのように解釈してよいでしょう。この世にあるものを必死に追い求め、そのことに没頭し、心を捕らわれているうちに、またこの世の人生において、やるべきこと、配慮すべきことを思い描くなかで、イエスがどうしても必要なことは一つだけ（ルカ一〇・四二）と言われたことを見失ってしまう危険性が、この世の生活にあることを自覚している必要があるのです。

世にあるもの

「すべて世にあるもの、すなわち、肉の欲、目の欲、暮らし向きの自慢は、御父から出るものではなく、世から出るものだからです。」（Ⅰヨハネ二・一六）

この世にあって、私たちの心を神から引き離す要因が具体的に記されます。「すべて世にあるもの」と言った後で、「肉の欲、目の欲、暮らし向きの自慢」と三つが取り上げられています。ある学者は、この三つの要素をアダムとエバの失楽園の物語の中に見つめています。悪魔はエバを、「それを食べるそのとき、目が開かれて、あなたがたが神のようになって善悪を知る者となることを、神は知っているのです」（創世三・五）とそそのかしました。そこで「女が見ると、その木は食べるのに良さそうで、目に慕わしく、またその木は賢くしてくれそうで好ましく」（同六節）思えました。「食べるのに良く、目に慕わしく、賢くなって神のように」という誘惑の文言が、ちょうど「肉の欲、目の欲、暮らし向きの自慢」という点に対応しています。

ここで「欲」と訳されている言葉は、「熱心な求め」を意味します。私たちの肉のからだが熱心に要求すること、それは食欲であったり、性欲であったり、快楽であったりします。それらは私たちがこの世にあって生きていくために、生命維持、種の保存に関わる面もあります。しかし、その要求が私たちの心と思いを支配し、そして何よりもそれらの欲求が神のみこころを締め出し、私たちを神から引き離させてはなりません。

「目の欲」とありましたが、目はこの世と私たち自身との接点であり、いわばこの世の事柄が私たちのうちに入ってくる窓のような役割を果たしています。多くの場合、私たちは目で誘惑されます。イエスは言われました。「からだの明かりは目です。ですから、あなたの目が健やかなら全身が明るくなりますが、目が悪ければ全身が暗くなります」（マタイ六・二二〜二三）と。コンピューターやスマホの画面が私たちとこの世とをつなぐ窓の役割を果たします。今はだれでもユーチューバーとなって、不特定多数の人々に影響を及ぼす情報源（インフルエンサー）になることのできる時代です。倫理的チェックを経ずに、かなり過激で、偏った情報が発信される場合も少なくありません。この世に行き交う様々な情報を知恵深く管理することが、ますます求められています。

そして、「暮らし向きの自慢」です。これは「所有欲」や「所有しているものに対する誇り」を意味します。ある学者は「何かを得ようとする虚しい努力」と翻訳します。最近、テレビで「セレブ（celebrity の略）」と呼ばれる富裕層の贅沢な生活ぶりが紹介されるようになりました。一般庶民はそれを羨望の眼で見つめます。しかし、さほど特別ではないブランド品を必要ないほど買い込み、所狭しとクローゼットに詰め込んでいる様子を見て、私は羨ましいとは思いません。むしろ、所有欲の恐ろしさを覚えてしまいます。もっと価値あるお金の使い方があり、また生き方があるのではないでしょうか。

肉の欲、目の欲、暮らし向きの自慢。それらは、御父から出たものではなく、この世から出たものであると、ヨハネははっきりと語ります。そして、それらはやがて滅び去っていきます。次節にそう記されています。

「世と、世の欲は過ぎ去ります。しかし、神のみこころを行う者は永遠に生き続けます。」

ヨハネはここで、私たちがこの世のものを愛してはならない、もう一つの理由を挙げています。それは、世が決して永遠のものではないということです。それはやがて滅び去っていきます。私たちにもこの世を去る日が必ず訪れます。確かにこの世は永遠に続くわけではないし、私たちもこの世にあって永遠の存在ではありません。しかし、永遠に続くものが一つだけあります。それは、永遠なる神と、このお方と結ばれて神の子どもとしていただいた者たちに与えられるいのちの約束です。

神は私たちをこの世から救い出して、愛する御子のご支配の中に移してくださいました。私たちはすでにエジプトから出て来たのであり、国籍を天に約束された者です。にもかかわらず、エジプトを恋い慕い、この世の事柄に心を支配され続け、本当に大切なものを後回しにしているとしたら、何と愚かなことでしょう。朽ちることも、汚れることも、消えてゆくこともなく永遠に残るもののために心を用いながら、神の愛に生きる生涯を全うしていきましょう。

7　困難と向き合うために

〈Ⅰヨハネ二・一八〜二九〉

終わりの日に出現する反キリスト

「幼子たち、今は終わりの時です。反キリストが来るとあなたがたが聞いていたとおり、今や多くの反キリストが現れています。それによって、今が終わりの時であると分かります。」（Ⅰヨハネ二・一八）

ヨハネは、「今」という時代がどのような時代であるのかを正しく見つめ、見極めるよう勧めています。「世の終わり」と言われると、すぐに天変地異、世界の滅亡を想像するかもしれません。確かに聖書は神による最後の審判について述べています。しかし中心にあるのは、「終わりの時に、世を創造された神がご自身の創造のみわざを完成し、再建し、新しくされる」という積極的な主張です。神に背き続けてきた者にとって、それは苦難の時ですが、神の招きに応答し、神と共に歩んできた者にとっては、救いの約束が果たされる栄えある日です。

「終わりの日（終末）」について、キリスト教には二つの視点があります。一つは、預言者たち（私たちからすると、キリストが訪れる以前）が見つめた時です。彼らは救い主の訪れを将来のこととして待ち望みました。一方、私たちはメシアの訪れ（クリスマス）以後を生きていますから、まず二千年前を振り返ります。そして、その過去の一時点から始まった新しい時代（Anno Domini）を見つめます。そして、もう一つの時、すなわち神の救いのご計画が完成し、神の国が成る日を、いにしえの預言者たちと一緒になって将来へと目を向けます。すなわち、私たちが見つめる「終わりの日」には、過去から今へ、そして将来へと展開する広がりがあるのです。

ヨハネが「今は終わりの時」と語るとき、その目には、救い主の訪れを通してすでに始まっている終末とともに、救いのみわざの完成に向かって進む時代が映っていました。それがゴールに近づけば近づくほど、それを阻止しようとする働きも増していく現実を、聖書は一貫して述べています。

イエスは弟子たちに言われました。

「人に惑わされないように気をつけなさい。わたしの名を名乗る者が大勢現れ、『私こそ、その者だ』と言って、多くの人を惑わします。」（マルコ一三・五〜六）「偽キリストたち、偽預言者たちが現れて、できれば選ばれた者たちを惑わそうと、しるしや不思議を行います。あなたがたは、気をつけていなさい。」（同二二〜二三節a）

ヨハネが活躍した時代、「偽キリスト」と呼ばれる人々の存在が教会の歩みにとって大きな痛みとなっていました。紀元後一世紀から四世紀にかけて、次々に異端と呼ばれるグループが起こりました。イエスが人として来られたことを否定する「仮現論者たち」、逆に、イエスの神性を減じるエビオン派。健全なキリスト理解は、イエスの神性（神のもとから来られたこと）と、人性（人として来られたこと）を正しく告白することにあります。しかし、独自の解釈によってその理解のバランスが崩れたときに、異なった教え（異端）を生むことになりました。その後も歴史は繰り返します。キリストの神性を減じたアリウス、それを批判したアタナシウスの信奉者アポリナリウスはかえって逆のほうに振り子を振り過ぎて、イエスの人性の理解を弱めてしまいました。ネストリウスはアリウスの道をたどり、それと対峙したキュリロスの弟子エウテューケスは、アポリナリウスの間違いを再び犯しました。教会はそのたびに混乱し、多くの痛みを経験してきました。

それは今でも繰り返されていることです。「エホバの証人」と呼ばれているグループは十九世紀の終わりにアメリカで起こりました。その教えは決して新しいものではなく、歴史の中で何度も起こってきたものです。そして、今日、ヒューマニズム（人間中心主義）という時代の潮流の中で、キリストの姿がますます見えにくくなっている現状があります。二章二二、二三節で、ヨハネはさらに具体的に偽キリストの本質を暴きます。

「偽り者とは、イエスがキリストであることを否定する者でなくてだれでしょう。御父と御子を否定する者、それが反キリストです。だれでも御子を否定する者は御父を持たず、御子を告白する者は御父も持っているのです。」

「イエスがキリストであること。」イエスこそ神が世にお遣わしになった救い主であるという告白を、私たちはいつの時代にあっても、はっきりと告白していきたいと願います。

世にある戦い

世にあっては戦いがあります。主のみわざが前進するところでは、必ずそれを妨げようとする悪しき者の力も増していきます。特に用いられる教会は、それだけ多くの試練に直面します。多く与えられた者には、多くのことが期待されるからです。

ヨハネは一八節からの段落において、「反キリスト」たちの存在について述べてきました。一九節では、彼らは当初の教会に属していた者であったことが明かされます。すなわち、この戦いにおいて教会は、決して安全地帯ではないということです。そこにも、世俗は入り込み、人間的な確執が繰り広げられます。当時の教会は、それを味わっていたのです。

しかし、そのような戦いの中にあっても、私たちの群れが守られ、たとえ一時、痛みを味わう経験をしても、すぐに平安を取り戻し、再び神の国のわざを前進させていくことができるのは、教会が私たちのものではなく主ご自身のものであり、「キリストのからだであり、すべてのものをすべてのもので満たす方が満ちておられるところ」（エペソ一・二三）だからです。私たちが困難な時代にあっても戦いに勝利していくことができるために、神は三つの賜物を備えてくださいました。

一つは、「注ぎの油」です。

「あなたがたには聖なる方からの注ぎの油があるので、みな真理を知っています。」

（Ⅰヨハネ二・二〇）

「しかし、あなたがたのうちには、御子から受けた注ぎの油がとどまっているので、だれかに教えてもらう必要はありません。その注ぎの油が、すべてについてあなたがたに教えてくれます。それは真理であって偽りではありませんから、あなたがたは教えられたとおり、御子のうちにとどまりなさい。」（同二七節）

最後の晩餐の席でイエスは弟子たちに、「わたしが父にお願いすると、父はもう一人の助け主をお与えくださり、その助け主がいつまでも、あなたがたとともにいるようにしてくださいます」と約束されました（ヨハネ一四・一六）。この方は、弟子たちを真理へと導く「真理の御霊」（同一六・一三）と呼ばれています。使徒ペテロはペンテコステの日に群衆の前に立ち、こう説教しました。

「それぞれ罪を赦していただくために、悔い改めて、イエス・キリストの名によってバプテスマを受けなさい。そうすれば、賜物として聖霊を受けます。」（使徒二・三八）

イエスによってもたらされた福音を受け入れ、罪の赦しのためのバプテスマを受けるときに、私たちは賜物として聖霊を受けます。そして、この聖霊の導きによりイエスこそ真の救い主であることを知るようになります（Ⅰコリント一二・三）。私たちがキリストを知り、キリストへの信仰をもって歩んでいること自体が聖霊なる神の奇しいみわざなのです。聖霊なる神は私たちの助け主として、いつまでも私たちとともにいてくださいます。このお方がそばにいてくださるからこそ、私たちの蚊の鳴くような小さな祈りも聞かれているのです。聖霊の臨在は、高きにいます神が私たちの近くに寄り添っていてくださることの証しです。

もう一つの賜物は、福音です。

「あなたがたは、初めから聞いていることを自分のうちにとどまらせなさい。」（Ⅰヨハネ二・二四a）。

それは、私たちが時代の様々な教えの風に吹き惑わされることのないためです。ペテロはイザヤ書を引用して、「人はみな草のよう。その栄えはみな草の花のようだ。草はしおれ、花は散る。しかし、主のことばは永遠に立つ」と記し、「これが、あなたがたに福音として宣べ伝えられたことばです」と述べました（Ⅰペテロ一・二四～二五）。時代は変わり、人々の価値観や世界観も変わります。変わるというよりも、振り子のように、同じことが形を変えて繰り返されているにすぎないのかもしれません。しかし、主のみことばだけは永遠に変わることがありません。私たちが揺り動かされることがないために、大切なことは、この不動の岩の上にしっかりと自らの人生の土台を据えることなのです。

三つめの賜物は、御子および御父との交わりです。

「もし初めから聞いていることがとどまっているなら、あなたがたも御子と御父のうちにとどまります。」（Ⅰヨハネ二・二四b）

まことのぶどうの木であるイエスにしっかりと結びついているなら、安心です。まことの羊飼いのもとにいるなら、安全です。私たちの安全地帯はそこにしかないのです。世にあっては戦いを経験します。教会の交わりもまた例外ではないでしょう。しかし主が私たちにお与えくださった優れた賜物があります。そこにとどまり続けるなら、私たちは今もこれから後の時代も、全き平安と喜びのうちを歩み続けることができます。そこに希望があり、そこに私たちの勝利があるのです。

惑わす力

「私はあなたがたを惑わす者たちについて、以上のことを書いてきました。しかし、あなたがたのうちには、御子から受けた注ぎの油がとどまっているので、だれかに教えてもらう必要はありません。その注ぎの油が、すべてについてあなたがたに教えてくれます。それは真理であって偽りではありませんから、あなたがたは教えられたとおり、

御子のうちにとどまりなさい。」（Ⅰヨハネ二・二六〜二七）

「私はあなたがたを惑わす者たちについて、以上のことを書いてきました」と、ヨハネは一八節から記してきた内容を振り返ります。「惑わす」とは、悪影響を及ぼし、その人を正しい道から逸らし、間違った道へと向かわせることを意味します。彼らは「反キリスト」と呼ばれています。すなわち、「キリストに敵対する人々」です。

また「偽り者」（二二節）とも呼ばれています。ここでの「偽り」とは何でしょうか。それは「イエスがキリストであることを否認する」ことです。「キリスト」を「神が遣わされた救い主として認めない」ことです。では、「認めない」とはどういうことでしょうか。イエスが「キリスト」、すなわち「メシア」であると告白する人々の中には、その「メシア」という言葉の定義を変えて告白する人々もいます。

「キリスト（クリストス）」というギリシア語はヘブル語の「メシア（メシアハ）」に対応します。「メシア」とは、もともと「油注がれた者」を意味し、神が特別な任務のためにお立てになった人のことを指します。しかし、その任務をきわめて人間的な理解の枠に閉じ込めようとする人々がいました。当時、イエスを政治的な解放者として期待した人たちです。あるいは、イエスを道徳的、倫理的教師、つまり無知蒙昧からの解放者と理解した人たちもいます。むろんそういった側面も否定される必要はないのですが、聖書はそれ以上の役割について言及していることを見落としてはならないのです。

二五節に、「これこそ、御子が私たちに約束してくださったもの、永遠のいのちです」と記されています。このお方は、私たちに永遠のいのちを与えてくださる救い主であるという理解です。政治的解放者でも、単に無知蒙昧から救う教師でもなく、私たちを永遠の滅びへと向かわせる罪のしがらみから解放し、いのちの源である神との和解の道を開き、永遠に失われることのない神との交わりの中に導き入れてくださる救い主として、教会はキリストへの信仰を告白してきました。

テレビや雑誌などで極端なキリスト教理解が取り上げられるたびに、何となく不安を覚えることがあるでしょう。また次々に耳に入ってくる断片的で、漠然とした歪んだ知識が積もり積もって、自分も同じような考え方をもち始めてしまうことがあるかもしれません。みんなが口を揃えてそう言っているので、ついそちらのほうが正しいようにも思えてくることがないでしょうか。私たちを惑わすものは遠く離れたところにではなく、とても身近なところにあるのです。

では、私たちはどうすればよいのでしょう。「私の聖書理解は間違っていないか」、「イエス・キリストについての理解は歪んでいないか」、「神が聖書を通して示していることを、正しく理解しているだろうか」、つまり、「私は惑わされていないか」を問い続けることです。私たちが礼拝の中で「使徒信条」を唱えるのはそのためです。私たちが何を信じ、何を宣教すべきか、その中心にあるものを告白します。また、私たちが真理にとどまるために、神は私たちに三つの賜物をお与えくださっていることをすでに学びました。それは、聖霊であり、福音のことばであり、神との交わりです。これらにとどまるとき、私たちは迷うことがありません。だれからも惑わされることがないのです。

御霊なる神とともに歩み、聖書のみことばに従い、神との交わりを大切に歩む人の心の耳には、絶えず内なる声が響きます。それはとても静かな声です。ですから、雑音が大き過ぎると聞こえないことがあります。その雑音とは自我の声であり、自己主張です。自分の願いです。自分の考えです。自分の計画です。自分のビジョンです。けれども、そういった雑音が静められ、御霊の声に耳を傾けるとき、それははっきりと聞こえてきます。私たちを惑わそうとするものが満ちているなかで、唯一私たちに備えられた安全な場所は、「聖霊」と「みことば」と「交わり」であることを確認し、そこにとどまり続けましょう。

8　神の子どもとして

〈Iヨハネ三・一～六〉

アメイジング・グレイス

「私たちが神の子どもと呼ばれるために、御父がどんなにすばらしい愛を与えてくださったかを、考えなさい。」（Iヨハネ三・一a）

私たちが神の子どもとされたことが、いかに大きな恵み、アメイジング・グレイスであるかを、ヨハネは再び思い起こさせようとしています。この手紙を受け取ったクリスチャンたちは、その恵みの事実については何度も聞かされてきたことでしょう。しかし、本当の意味でその大きさ、その素晴らしさを、ヨハネが受けとめていたほどには気づいていないし、感動もしてこなかったのかもしれません。

そういったことが私たちにも言えるのではないでしょうか。私たちは聖書を通して神の愛について教えられてきました。日曜礼拝ごとに、愛の説教を聴き、自分でも聖書を開いて確認し、人がそう証しするのを聞いて、感動を共有しています。けれども、まだまだ気づいていないことや、忘れていることが多いのではないでしょうか。それゆえ、繰り返して聴き、確認し続けることが求められます。

「知りなさい。主こそ神であられることを。」
「悟りなさい。主が私たちの創造主であられることを。」
「弁《わきま》えなさい。私たちは主のもの、主の民、その牧場の羊であることを。」
「考えなさい。神があなたを愛しておられ、『わが子よ』と呼ばれることを。」

神は私たちを「わが子よ」と呼ばれます。「神の子ども」とは、単なるクリスチャンの称号ではなく、ある「事実」を表しています。クリスチャンに与えられている特別な立場ないし特権についてです。天地万物を創造し、すべてをご自身の御手のうちに治めておられる神が、私たちを、「しもべ」としてではなく「友」として、「居候《いそうろう》」ではなく「子ども」として向き合っていてくださるということです。この事実は、私たちの祈りにも大きな変化をもたらしました。

かつてイエスは教えられました。

「あなたがたのうちのだれが、自分の子がパンを求めているのに石を与えるでしょうか。魚を求めているのに、蛇を与えるでしょうか。このように、あなたがたは悪い者であっても、自分の子どもたちには良いものを与えることを知っているのです。それならなおのこと、天におられるあなたがたの父は、ご自分に求める者たちに、良いものを与えてくださらないことがあるでしょうか。」(マタイ七・九〜一一)

神が私たちをご自身の子どもと呼んでくださるとは、こういうことを意味しています。使徒パウロも、「(もしあなたがたが)子どもであるなら、相続人でもあります」(ローマ八・一七)と、記しています。やがて主が終わりの日に完成なさる神の国に、私たちは「神の子ども」として迎え入れられ、御国を受け継ぐ者とされたというのです。それがどれほど大きな特権であり、また神の子どもとされた者に対する豊かな報いであるのかを私たちはやがて知ることになります。

あるとき、「聖書にはこんなに素晴らしいことが記されているのに、どうしてこの国の人たちは、それを知ろうとしたがらないんでしょう」と、不思議そうに尋ねられたことがありました。ほんの少しでも聖書の福音に触れるチャンスがあるなら、きっとそう思うことでしょう。けれども、日本の社会にはそれを妨げるものが多くあります。戦後日本の無宗教、無党派の平均値を是とする学校教育もしかり、キリスト教を名乗るいかがわしい新宗教がつまずきを与えているという側面もあります。しかし、この素晴らしい祝福を世の人々にお伝えする務めが教会に委ねられていることを忘れてはなりません。

やがてのヴィジョン

「愛する者たち、私たちは今すでに神の子どもです。やがてどのようになるのか、まだ明らかにされていません。しかし、私たちは、キリストが現れたときに、キリストに似た者になることは知っています。キリストをありのままに見るからです。」（Ｉヨハネ三・二）

ヨハネは、「今」という視点から、神の子どもとされた者に開かれた「将来（やがて）」へと私たちの目を向けさせます。私たちはすでに神の子どもです。ヨハネの福音書一章一二節に、「この方を受け入れた人々、すなわち、その名を信じた人々には、神の子どもとなる特権をお与えになった」と記されています。それゆえ、私たちはすでに神の子どもなのです。けれども、そのことがいよいよ明確にされ、私たちが神の子どもにふさわしく整えられ、新しくされていくというヴィジョンが、ここに記されています。「やがてどのようになるのか、まだ明らかにされていません。しかし、私たちは、キリストが現れたときに（キリストの前に私たちが立たされるとき）、キリストに似た者になることは知っている」と。

エペソ人への手紙四章一三節には、「私たちはみな、神の御子に対する信仰と知識において一つとなり、一人の成熟した大人となって、キリストの満ち満ちた身丈にまで達するのです」と、またコロサイ人への手紙三章九～一〇節には、「あなたがたは古い人をその行いとともに脱ぎ捨てて、新しい人を着たのです。新しい人は、それを造られた方のかたちにしたがって新しくされ続け、真の知識に至る」と記されています。「キリストの満ち満ちた身丈にまで達する」という目標、「造られた方のかたちにしたがって新しくされ続ける」というヴィジョンが、神の子どもとしていただいた者たちに委ねられているのです。

それでは、どのようにして私たちはキリストに似せられていくのでしょうか。それは、キリストを知ることによってです。では、どのようにしてキリストを知るのでしょうか。それは、聖書によってです。私たちがキリストを知る場所は聖書です。しかし、それは聖書を開いて通読を丹念に続けるというようなことではありません。日々の具体的な歩みの中、決して喜びばかりでなく悲しみ、成功ばかりでなく失敗や挫折の経験のただ中で聖書と向き合うときに、みことばとともに働く聖霊が私たちをキリストのもとへと導いてくださいます。そこで証しされるイエスと出会うのです。そこに、キリストの現れがあります。

神の子どもとしていただいた信仰者の歩みは、キリストを知る歩みであり、そのことによってキリストに似せられていく歩みです。そして、「私たちはみな、神の御子に対する信仰と知識において一つとなり、一人の成熟した大人となって、キリストの満ち満ちた身丈にまで達すること」、それこそ、神の子どもとしていただいた私たちのうちに始められた信仰の歩みなのです。やがて主とお会いするときに、私たちもまたキリストの似姿に変えられていることを想像すると、胸が躍らないでしょうか。そして、この「やがての希望」をキリストにあって抱く人は、「今」を大切に生きるようになる、とヨハネは記します（Iヨハネ三・三）。「望みを抱く」とは、その約束がかなう日を待ち望みつつ歩むことであり、そのために備えを始めずにはいられなくなるからです。

あるとき、妻の恩師の岳藤豪希先生から、息子にと野球のグローブをいただいたことがありました。それは、かつて生まれてくるはずであったご自分の息子さんのためにと、つい買ってしまったグローブだったそうです。生まれる前から、息子さんとのキャッチボールを楽しみにしておられたということでした。望みを抱くとは、そういうことでしょう。その日その時を楽しみにし、そのことのために、今できることをと願うことです。その期待が確かで強ければ強いほど、そうするのです。私たちはすでに神の子どもです。そしてやがて主とお会いし、キリストに似た者とされることがわかっています。そうであるなら、「やがて」に備えて、「今」をしっかりと歩みたいものです。

罪の力から自由になる場所

一方、そのような生き方とは真逆の歩みについてもヨハネは言及しています。罪とは律法に違反することです。

「罪を犯している者はみな、律法に違反しています。」（Ⅰヨハネ三・四）

キリストが聖い方であるように自分もそうありたいと願いつつ、日ごとに成長を期待して歩む人とは対照的に、罪を犯すことをそれほど大したこととは考えない人々のことを、ヨハネは念頭に置いて書いています。ヨハネが語りかけているのは、この世の人々に対してではありません。世の中に目を向けるならば、そこには倫理的・道徳的に退廃している現実があります。倫理的規範はすでに失われつつあると言えます。ヨハネが語りかけているのはそうした世の人々ではなく、「私は神と交わりがある」（一・六）と言っている人たちであり、「私は光の中を歩んでいる」（二・九）と自負していた人たちでした。神と交わりを保ち、光の中を歩んでいると自負しながら、心のうちにある罪の問題を曖昧にし、その解決を遅らせている人たちに、ヨハネは語りかけているのです。ヨハネは、「罪」とは何かを定義するところから始めています。

「罪を行う者はみな不法を行っています。罪とは不法だからです」というのが直訳です。ヨハネはここで、「罪（ギリシア語原形《ハマルティア》）」を、「不法（ギリシア語原形《アノミア》）」という言葉に置き換え、しかもそれを二度繰り返しています（「律法に違反する」というのは、新改訳2017の意訳）。

「罪」は重い言葉ですが、「不法」という言葉はもっと厳しい響きをもっています。それは文字どおり「法の無いこと」です。神の律法を無視すること、神の戒めを否定し、背くことを意味していました。「罪」ということがいつしか、人間の内面の問題としてのみ受け取られるようになり、神との関係においては問われなくなっていくという危険性がありました。しかし、本来「罪」とは、「神の律法に照らしてどうであるのか」ということであって、私たち人間の側の事情に基づいたものではありません。「人間なんだから仕方がない」というように、私たちの事情を盾にすることができないものです。「罪（ギリシア語原形《ハマルティア》）」という言葉を「不法（ギリシア語原形《アノミア》）」という言葉に置き換えることによって、ヨハネは事の重大性をもう一度悟らせようとしているのです。

さらに、文脈を見ると、その背後に、神から私たちを引き離そうとする悪しき者の存在と働きが覚えられていることがわかります。三章八節に、「罪を犯している者は、悪魔から出た者です」と記されています。「罪」とは、決して良心の問題ではないし、自分を取り巻く小さな世界の出来事ではありません。それは神の法に対する挑戦であり、神の主権に対する侵害です。そして、神と人類の関わりを駄目にするのに十分な、きわめて深刻な問題です。そのため、キリストは世に現れました。

「あなたがたが知っているとおり、キリストは罪を取り除くために現れたのであり、この方のうちに罪はありません。」（Ⅰヨハネ三・五）

父なる神が、罪を取り除くためにキリストを世に遣わされたのなら、私たちは、この問題と向き合わないわけにはいきません。「罪を取り除く」は、バプテスマのヨハネがイエスと最初にお会いした際にも語ったことばでした（ヨハネ一・二九）。そして、そう語ったとき、イザヤ書五三章の「苦難のしもべ」を見つめていたことでしょう。

「しかし、彼は私たちの背きのために刺され、
私たちの咎のために砕かれたのだ。
彼への懲らしめが私たちに平安をもたらし、
その打ち傷のゆえに、私たちは癒やされた。
私たちはみな、羊のようにさまよい、

それぞれ自分勝手な道に向かって行った。
しかし、主は私たちすべての者の咎を
彼に負わせた。」（五～六節）

私たちの罪を贖うためにキリストは刺し通され、すべての咎を担われました。そのキリストを、私たちは知っています。彼の味わわれた苦しみを知っています。だから、このお方を真に見つめる人は、罪に対して曖昧な態度を取れなくなるのです。

それでは、どのようにしたら罪を犯さなくなるのでしょうか。罪の支配を受け続けないために、どうしたらよいのでしょうか。ヨハネの答えは簡潔明瞭です。

「キリストにとどまる者はだれも、罪を犯しません。罪を犯す者はだれも、キリストを見たこともなく、知ってもいません。」（Ⅰヨハネ三・六）

私たちがキリストのうちにとどまるとき、罪は私たちを支配することができません。私たちは罪深い存在です。あまりにもキリストに似つかわしくありません。神の子どもらしくないのです。独り善がりで、自分を守ることに必死です。自分が傷つくことから逃れようと必死です。そして、その防衛本能から敵意や悪意さえ抱いてしまいます。でも、そういった私たちが、唯一その罪の支配から自由であることができるのは、キリストを見上げるときです。自分の罪をごまかさず、曖昧にせず、私たちの罪と戦って勝利したお方を見上げるとき、私たちは自由にされます。

では、クリスチャンはもはや罪を犯さないというのでしょうか。残念ながら、そうではありません。一章八節に、「もし自分には罪がないと言うなら、私たちは自分自身を欺いている」と記されています。罪を犯してしまう弱さが依然として私のうちにあります。その私が罪から自由であるために向かうべきところはどこなのでしょうか。どこに向かえばよいのでしょうか。どこなら安全なのでしょうか。その問いに対する明確な答えが、ここに明示されています。

9　キリストの勝利

〈Ⅰヨハネ三・七～一二〉

義の基準

「幼子たち、だれにも惑わされてはいけません。義を行う者は、キリストが正しい方であるように、正しい人です。」（Ⅰヨハネ三・七）

ヨハネは、神の子どもとされた者たちに語りかけています。「だれにも惑わされてはいけない」とは、私たちの周囲にある惑わしやつまずきの現実が前提となっています。イエスもかつて弟子たちに、世にあっては「つまずきが起こるのは避けられない」（マタイ一八・七）と教えられました。私たちの周囲には様々なつまずきとなるもの、惑わすものが満ちあふれています。それらは避けることができません。今日はコンピュータの画面の向こうから、この世の現実が、よほど心していないと飛び込んできます。そういう意味で、昔以上に私たちをつまずかせ、惑わすものは格段に増えていると言えます。私たちクリスチャンは無菌室に入れられているわけではありません。

でも、そういったものに神の子どもたちは捕らえられてはならないとヨハネは警告します。「だれにも惑わされてはいけません」とありますが、この手紙の送り先であるエペソの教会に、彼らを正しくない方向へと導く人々がいたことがうかがえます。すでに見たように、手紙の文面に繰り返し言及される人々がいます。彼らはもともと教会の交わりの中にいたのですが、いつしか交わりから離れて行ったようです。「彼らは私たちの中から出て行きましたが、もともと私たちの仲間ではなかったのです」（二・一九）と記されています。彼らが去ったことで問題が解決したわけではありませんでした。その後、いつ、異なった教えの風が教会に吹きつけるとも限りませんでした。いつの時代にも、私たちを惑わす力は働いています。特にヨハネが問題にしているのは、正しい福音理解から逸れるだけでなく、それに基づいたクリスチャンとしての生き方からも逸れていく人々の存在でした。この手紙の中で、ヨハネが繰り返し罪の問題を取り上げ、また「きよさ」について語っているのは、そのためでした。極端なことを語る者たちが、倫理的な事柄を軽んじ、罪の問題を曖昧にしていたからでした。

また、ヨハネが見つめていたのは、「惑わす者たち」だけではありませんでした。彼らの背後に、人類を罪に陥らせ、罪を行うよう仕向ける邪悪な力をも見抜いているのです。

「悪魔は初めから罪を犯しているからです」（三・八）と語るとき、ヨハネは創世記に記された失楽園のエピソードを思い起こしていたと思われます。人類最初の人アダムとエバが、神の園で幸いな歩みを始めたときから、惑わす者が彼らのそばにいました。そして、その狙いは、初めから、神がアダムとエバに与えたみことばに背かせることに集中していました。悪魔の物言いはしたたかでした。「神は本当にそう言ったのですか」、「そう語ったのは、こういう理由があったからではないですか」と、ほんの少しずつ神のみことばを疑わせ、その真意が別の方向にあるかのように誘導し、ついには神のみこころよりも自分の願いを優先するよう導きました。みことばに背き、罪を犯すなら、あなたがたは死ぬと語られた主のみことばに対して、「死なない」と反論しました。悪魔は全くの偽りを語ったわけではありません。確かに善悪を知る木の実を取って食べたアダムとエバは即死しませんでした。けれども、自らの背きの罪ゆえに、もっと悲惨な結果、もっと深刻な意味での「死」を人類にもたらしてしまいました。悪魔が彼らに見つめさせた真理とは、ほんの目先のことでしかありませんでした。けれどもそれで彼らは、自分たちが犯そうとしている罪の結果の全体像を見落としてしまったのです。

こういった惑わしは私たちの日常の生活の中にもあふれています。「神は本当にそう言ったのですか」、「神が語ったことは、そこまででしょうか」、「あなたが行っている背きとは、それほど気にかけることでしょうか」、「神はあなたが考える以上に寛容な方なのではないですか」とささやきます。あなたのそばにいる人々の唇を通して、そう語るかもしれません。あなたが開いた書物を通して、そう示すかもしれません。というのは、悪魔は蛇の口からでも語れたからです。悪魔は御使いの姿をも取ると警告されています（Ⅱコリント一一・一四）。ですから、神の子どもたち、あなたがたはだれにも欺かせてはなりません。罪へと誘おうとする声に従ってはなりません。罪を曖昧なものにしようとする教えになびいてはなりません。なぜなら、「義を行う者は、キリストが正しい方であるように、正しい人」（Ⅰヨハネ三・七）なのですから。

私たちが唯一基づくべき義の基準は、キリストです。ヨハネは、私たちの義の目標は、「キリストの正しさ」であると語ります。「キリストが正しい方であるように」と。このことは、信仰者が、いつも真剣に学ばなければならないことです。私たちに期待される正しさの目標、私たちが真に立つべき義の基準は、キリストのうちに現された神の正しさです。私たちの感覚や価値基準などではありません。私たちのセオリー、私たちの経験則ではありません。

義の基準は、昔、モーセを通して与えられた律法に現されました。その中心にあるのが十戒です。そこには、人の、神に対する愛のあり方と、隣人に対する愛のあり方が示されています。この基準に従って生きるなら、人は幸いを得るというものです。それは、人が祝福を受けるための契約であるだけでなく、主の共同体の中に平安と秩序をもたらすものでした。

　ところが、人はいつしか、その律法に従う生き方を自己実現の手段と取り違えてしまいました。神を愛するための律法遵守ではなく、自分を利する道具と考えたのです。結局のところ、それは御利益宗教と少しも変わりません。人はその律法を形式的に見つめるようになり、神への真実な愛は退いていきました。それればかりか、自分の到達点を誇り、隣人をさばくことで、隣人への愛をも失っていったのです。イエスが当時の律法学者やパリサイ人たちを非難したことは、そのことでした。「このようにしてあなたがたは、自分たちに伝えられた言い伝えによって、神のことばを無にしています」（マルコ七・一三）と言われました。

　しかし、「終わりの時には、（神は）御子にあって私たちに語られました」（ヘブル一・二）。ヨハネの福音書一章一七節に、「律法はモーセによって与えられ、恵みとまことはイエス・キリストによって実現したからである」と記されています。弟子たちはイエスとの交わりの中でそれを見つめてきました。自分たちの職を捨て、家族を故郷に残してまでもイエスに従いたいと願いました。ペテロとヨハネ、アンデレとヤコブは漁師でしたが、網を置いてイエスに従いました。マタイは税務署の役人でした。あのザアカイのように、割と良い生活を許されていたことでしょう。しかし、もはや取税署の椅子に座っていることができなくなりました。ルカの福音書と使徒の働きを記したルカは医者でした。パウロは、当時最も権威ある学者ラビ・ガマリエルの門下生であり、ユダヤ人社会において将来が有望視されていた若者でした。その彼らがイエスと出会ったとき、地位や名誉も家柄も捨てて、生涯をイエスの福音宣教のために用いたいと願ったのです。それほどまでに、イエスとの出会いは彼らにとって衝撃であったということです。

彼らが、最も神の恵みとまことの現れを見つめさせられたのは、十字架と復活でした。そこに神の正しさが現され、神の愛があふれんばかりに現れていたからです。パウロは、ピリピ人への手紙二章一～一二節で、このキリストを模範として生きるよう勧めています。ペテロも、第一の手紙の二章二一節で、キリストの模範に従うようにと勧めています。そして、ヨハネもまた、私たちが基づくべき義の基準をキリストとしています。キリストこそ、またそこに現れた神の恵みとまことと、愛と真実こそ、私たちが基づくべき義の基準なのです。

この義の基準を前にして、私たち自身に不十分さが感じられても、がっかりしないでください。キリストの模範から程遠く、愛が不足していることを嘆く必要はありません。なぜなら、それは当然のことだからです。私たちのうちには、それはないし、足りないのです。だからこそ、キリストが私たちのもとに遣わされました。

「その悪魔のわざを打ち破るために、神の御子が現れました。」（Iヨハネ三・八b）

ギリシア語新約聖書では、冒頭に「そのためにこそ！」という副詞句が置かれています。そして、「その悪魔のわざを打ち破るために、神の御子が現れました」と記されています。人々を罪に留めおこうとする鎖を打ち破るためにです。悪魔は人々を自分の支配のもとに留めおこうと必死です。私たちを愛と真実の神から遠ざけようと躍起になっています。私たちは、悪魔の力を見くびってはなりません。けれども、キリストはその悪魔のしわざを終わらせるために来られました。

では、どこでそれは果たされたのでしょうか。どこでその鎖は打ち砕かれたのでしょうか。それは、あの十字架の上においてです。御子が全人類の罪の代価を支払ってくださったとき、神の子どもたちが永遠の滅びへと明け渡されることがなくなりました。つまり、悪魔が必死になって抵抗したとしても、もはや私たちを神のご支配から引き離すことはできなくされたのです。まさに、神の子どもの勝利が確実になった瞬間でした。

神の国が完成する時まで、神の子どもたちは試みを受け続けます。つまずきは避けられません。惑わすものが周囲にあふれています。しかし、キリストの十字架を通して、私たちには勝利が約束されています。それゆえ、その事実を知る人は、罪という現実に対して、キリストとともに真剣に向き合うようになるのです。

私たちは、いつも十字架を見上げ、罪の悲惨さを思い起こしましょう。そして、それゆえにこそ神の子が現れ、罪の支配を終わらせるために十字架に磔《はりつけ》にされたことを覚えましょう。救いの意味を確認し、神の子どもとしていただいた恵みを感謝し、私たちに対する神の御旨を学びましょう。

神の種

「神から生まれた者はだれも、罪を犯しません。神の種がその人のうちにとどまっているからです。その人は神から生まれたので、罪を犯すことができないのです。このことによって、神の子どもと悪魔の子どもの区別がはっきりします。」（Iヨハネ三・九〜一〇a）

「罪」の問題がここでも取り上げられています。初めの部分についてはすでに見てきました。「神から生まれる」という経験は、福音を信じ、キリストを救い主として受け入れたときに与えられるものです。その者は「罪を犯さない」、後半では「罪を犯すことができない」と述べられています。ここで注目したいことは、少なくとも三点あります。

第一に、ここでは、「神から生まれた者はだれも罪を犯さない」と言われているのであって、「その人のうちに罪がない」ということではないという点です。一章にこうありました。

「もし自分には罪がないと言うなら、私たちは自分自身を欺いており、私たちのうちに真理はありません。もし私たちが自分の罪を告白するなら、神は真実で正しい方ですから、その罪を赦し、私たちをすべての不義からきよめてくださいます。もし罪を犯したことがないと言うなら、私たちは神を偽り者とすることになり、私たちのうちに神のことばはありません。」（八〜一〇節）

しかし、その直後で、「私の子どもたち。私がこれらのことを書き送るのは、あなたが罪を犯さないようになるためです」（二・一）と、なおも神の子どもたちが罪と向き合い続けることが前提とされています。

第二の点は、「罪を犯しません」（三・九）というところが、現在時制で記されているという点です。ギリシア語の現在時制には、「継続」のニュアンスが含まれます。したがって、「罪を犯し続けることができない」とも訳すことができます。「だれでも、神から生まれた者は、罪を犯し続けることができない」、もしくは、「罪の中にとどまり続けることができない」ということです。

「神から生まれた者はだれも」とあります。そこに罪の悔い改めと、罪の赦しの経験があり、新しい歩みが自分の人生の中に始まっていることを自覚するなら、人はもはや古い歩みに戻りたいとは願わないのです。あのおぞましい罪の支配の中にとどまり続けることなどできないという告白へと導かれます。そこには希望がないこと、虚しさしかなかったこと、そこは人を滅びへと向かわせる危険で満ちあふれていることを散々味わってきたのですから。「神から生まれた者はだれも、罪を犯しません」との認識が、私たちの歩みの真実となっているかどうかを問うことに意味があるのではないでしょうか。

第三の点について考えましょう。ギリシア語新約聖書では、主節の後に「なぜなら」という接続詞で導かれる従属節があります。「神から生まれた者はだれも、罪を犯しません」と語った後で、ヨハネは、「なぜなら」と、もう一つの大切な理由を述べています。「なぜなら、神の種がその人のうちにとどまっているからです」と。「もう一つの大切な理由」と述べたのは、私たちが罪のうちにとどまり続けることができない理由を、ヨハネがこれまでのところで語っているためです。それは、キリストの現れとキリストによる勝利という理由です。そして、もう一つ、神が私たちのためにお与えくださった賜物がありました。

二章二〇節に、「あなたがたには聖なる方からの注ぎの油があるので、みな真理を知っています」とあります。二章二七節には、「しかし、あなたがたのうちには、御子から受けた注ぎの油がとどまっている」と述べられています。ここで言われている「注ぎの油」

とは聖霊を指しています。神はご自身の霊を遣わし、私たちのための助け主、また慰め主としてくださいました。この方を通して、私たちは目に見えない神を礼拝し、いつでも、どこででも祈ることができます。そして、その祈りは確かに聞かれているのです。

三章九節に言及される「神の種」とは、二章で述べられた御霊と取ることもできますが、「みことばの種」と理解することも可能です。ヤコブの手紙一章一八節に、「この父が私たちを、いわば被造物の初穂にするために、みこころのままに真理のことばをもって生んでくださいました」とあります。一章二一節では「心に植えつけられたみことばを素直に受け入れなさい。みことばは、あなたがたのたましいを救うことができます」と続きます。ペテロの手紙第一、一章二三節にも、「あなたがたが新しく生まれたのは、朽ちる種からではなく朽ちない種からであり、生きた、いつまでも残る、神のことばによるのです」と記されています。こうしたことから神のみことばが「神の種」と理解することができます。

「種」とはいのちを宿らせるものです。神から与えられた新しいいのちが、その人のうちで芽を出し、生長し、実を結んでいくという新しい歩みを表すのに、「神の種」という隠喩はとてもふさわしいものです。

その種がとどまっている人と、そうでない人との間には決定的な違いがあるという事実も表出します。「このことによって、神の子どもと悪魔の子どもの区別がはっきりします」（Ⅰヨハネ三・一〇）とあります。よく練られた小麦粉の塊にパン種が入れられた生地と、そうでない生地との違いは、すぐに見分けがつかずとも、時間が立つにつれ、はっきりとしてきます。

「神から生まれた者はだれも、罪を犯しません（犯し続けません）。なぜなら、神の種がその人のうちにとどまっているからです。」その違いは、今の現状の違いだけでなく、起源の違いであるゆえに決定的なものであるということが覚えられています。逆を言うならば、今の現状を見つめるのではなく、いつも起源を見つめなければならないということでもあります。自分が「神から生まれた者であるか否か」という自覚です。「神の種を宿し、新しいいのちがすでに私のうちに始まっている」という認識です。そこから、私たちは今をどう生きるべきかということを見つめ直さなければならないのです。この点において、違いがはっきりと意識される必要があります。

この「どこから」という視点は、「どこへ」という視点と同じように大切です。信仰者は、この二つの視点、すなわち、過去からの視点と、未来からの視点の両方向から、今の自分の歩みを見つめていくことが求められているのです。

キリストの愛に生きる

私たちは、「神の子どもとされた者に求められる歩み」について学んでいます。そして、その最初に取り上げられてきたことは、「罪」との関わりについてでした。それがいわば消極的な面であるとするならば、次にヨハネが主題として取り上げているのは、「神の子ども」に期待される積極的な面であると言ってよいでしょう。

「義を行わない者はだれであれ、神から出た者ではありません。兄弟を愛さない者もそうです。互いに愛し合うべきであること、それが、あなたがたが初めから聞いている使信です。」（Ⅰヨハネ三・一〇b～一一）

「義を行わない者」、すなわち「キリストの正しさ」に生きることを放棄し、罪を犯し続ける人が神から出た者ではないのと同様に、兄弟を愛さない人もまた然り、とヨハネは忠告しています。そして、その教えは初めからあなたがたが聞いてきたとおりである、と。「初めから」というのは、まず、この手紙の初めからということでしょう。二章七節に、すでにこのことが教えられていました。

「愛する者たち。私があなたがたに書いているのは、新しい命令ではなく、あなたがたが初めから持っていた古い命令です。その古い命令とは、あなたがたがすでに聞いているみことばです。」

また、この「初めから」は「福音のはじめから」を意味しているとも考えられます。つまり、イエスの教えの「はじめ」です。ヨハネの福音書に、最後の晩餐の席でイエスが弟子たちに与えた戒めが記されています。

「わたしはあなたがたに新しい戒めを与えます。互いに愛し合いなさい。わたしがあなたがたを愛したように、あなたがたも互いに愛し合いなさい。」(一三・三四)

さらにさかのぼるならば、それは、モーセを通して与えられた十戒のうちに現された神のみこころです。

イエスはかつて律法学者たちに、「律法の中でどの戒めが一番重要ですか」(マタイ二二・三六)と尋ねられたとき、こうお答えになりました。

「イエスは彼に言われた。『「あなたは心を尽くし、いのちを尽くし、知性を尽くして、あなたの神、主を愛しなさい。」これが、重要な第一の戒めです。「あなたの隣人を自分自身のように愛しなさい」という第二の戒めも、それと同じように重要です。この二つの戒めに律法と預言者の全体がかかっているのです。』」(同三七〜四〇節)

つまり、「互いに愛し合いなさい」という戒めは、彼らが初めから聞いてきた戒めだったのです。それほど大切な戒めであり、そこに神のご意思が明確に示されているのです。にもかかわらず、人はこの大事な戒めを実践できずにいます。しかし、神の子どもとされ、御霊の油注ぎを受け、福音の種を心に植えていただいた私たちのうちに、この「神の愛に生きる」という新しい歩みが始められました。「罪のうちにとどまり続けることができない」という新しさとともに、まだ完全ではないにせよ、「キリストの愛に倣う」という積極的な生き方が私たちのうちに始まっているのです。

ヨハネは、ここで旧約聖書の創世記を再びひもとき、そこに記されている人類史上、最初の殺人事件を思い起こしています。

「カインのようになってはいけません。彼は悪い者から出た者で、自分の兄弟を殺しました。なぜ殺したのでしょうか。自分の行いが悪く、兄弟の行いが正しかったからです。」（Ⅰヨハネ三・一二）

カインには弟のアベルがいました。聖書には弟のアベルの心情については何も記されていませんが、お兄さんのカインは、弟に対する嫉妬と確執という往々にしてありがちで、厄介な問題を抱えていました。

先に生まれた者は、後から家族に加えられた弟や妹たちに、愛する母や父の愛情を奪われるのではないかと必死です。そういう意味で、私たちは生まれたときから、きわめて身近なところで人間関係の難しさと不条理さを経験します。親には、そんな子どもたちの微妙で繊細な感情の動きまで配慮する余裕がありません。聖書の中に登場するファミリーの多くが、この点で慎重さを欠き、バランスを欠いていたために、やがて兄弟同士の交わりの中に問題が起こることを許してしまいました。兄のエサウよりも弟ヤコブを愛した母リベカの失敗がありました。年寄り子として生まれたヨセフは父ヤコブに溺愛され、それゆえに兄たちの嫉《そね》みを買い、エジプトに奴隷として売り飛ばされてしまいました。もちろん、そこに、すべてのことを働かせて最善へと導かれる神のみわざがあったことを、私たちはその後の歴史の展開を通して知らされます。とはいえ、罪は罪であり、人はその結果を刈り取らなければなりませんでした。

カインは弟アベルに対して日ごろから嫉みを覚えていたようです。そして、その感情が頂点に達する出来事が起こります。彼らがそれぞれに祭壇を築き、神を礼拝しようとしたとき、神は二人の礼拝者の心のうちを見抜かれました。カインは土地を耕し、そこで得た収穫物の中からささげ物を取り分けました。一方、弟アベルは、羊を飼い、羊の初子の中から最上のものを献げました。聖書は、二人のささげ物に関する価値評価を記していません。しかし、聖書の著者の筆運びから何となく知らされることがあります。カインのささげ物に関しては、聖書はただ事実だけを記しているのですが、弟アベルのささげ物に関しては、「自分の羊の初子の中から、肥えたものを持って来た」（創世四・四。新改訳第三版では、「彼の羊の初子の中から、それも最上のものを持って来た」）と詳述しています。兄のカインはしきたりとしてそれを献げたにすぎませんでした。しかし、アベルは一番最初に手に入れた、しかもその中から最も良いものを神のもとに献げたところに、神の恵みへの感謝と愛が現れていました。その心を神は見ておられたのです。

主はアベルとそのささげ物に目を留められましたが、カインとそのささげ物には目を留められませんでした。このとき、礼拝者としてのカインの誠実さと愛が、弟アベルの誠実さと愛によって測られました。アベルの正しさによって、自分がさばかれた瞬間でした。それで、アベルに対するカインの嫉妬はもはや抑えがたいものとなり、ついには、人を滅びへと向かわせる罪の力に身をゆだねてしまうことになりました。

カインの失敗の始まりは、どこにあったのでしょう。それは、彼の神礼拝のうちにあったと言えないでしょうか。彼は収穫物からささげ物を取り分ける誠実な礼拝者でした。けれども、その心ははたして神に向かっていたでしょうか。少なくとも、神はそれを見いだせなかったのです。

神との交わりが確かでないとき、人は本当に無力です。心のうちに起こる様々な悪しき思いから解放されることはありません。きょうだい同士、友人同士、夫婦間で嫉妬や確執を覚えるのは、ある意味で仕方のないことなのかもしれません。そこで互いにぶつかり合い、また赦し合うことを通して、私たちは「愛に生きるあり方」を少しずつ学んでいくのです。けれども、もし私たちが神から離れており、イエスから目を逸らしているなら、罪の力はたやすく私たちを捕らえ、心のうちに起こる激しい感情のコントロールを不能にします。

カインの場合、弟の正しさが嫉《ねた》ましく思えました。アベルの正しさが自分の足りなさを責めていると感じたのです。そして、とても重い目の上のたんこぶは取り除かなければならないと思いました。そうしないと、いつまでも劣等感に苛まれ、自分の安全が脅かされ続けると恐れたのです。

兄弟たちよ、しかし、神の子どもとされたあなたがたは、カインのようであってはならない、とヨハネは警告します。「彼は悪い者から出た者で、自分の兄弟を殺しました」とあります。彼のその行為は、神を見失い、彼を滅びへと誘う悪しき力から出ているのであって、私たちは、その生き方に倣ってはならないのです。

「互いに愛し合う」ということ、それは、神が初めからご自身の子どもたちに命じてこられた戒めであって、そこにみこころが示されています。イエスはかつて弟子たちに言われました。「ですから、祭壇の上にささげ物を献げようとしているときに、兄弟が自分を恨んでいることを思い出したなら、ささげ物はそこに、祭壇の前に置き、行って、まずあなたの兄弟と仲直りをしなさい。それから戻って、そのささげ物を献げなさい」（マタイ五・二三〜二四）と。目に見える兄弟との交わりが破綻している状態で、どうして目に見えない神との交わりをもつことができるでしょうか。私たちが神の子どもとされているという事実は、兄弟同士のそういった交わりの中にもはっきりと現されるということです。

「すべての兄弟を愛する」ということは、簡単なようでいて、決して容易ではないことを私たちは知っています。それは、とても難しい課題です。だからこそ、私たちは絶えず、あの教会の告白に立ち戻らなければなりません。「神から生まれた者はだれも、罪を犯しません」という、あの告白に。また、「互いに愛し合うこと」こそ、神の子どもたちにふさわしいあり方であるということを、そして、私たちのうちにすでに新しいいのちを与え、新しい歩みを始めさせてくださった神の恵みを思い起こしながら、そこに向かって歩みを進めて行くことができるよう祈りたいと思います。

10　兄弟を愛する歩み

〈Ⅰヨハネ三・一三～一八〉

新しい歩み

ヨハネは三章から始まる段落で、「神の子ども」とされた者にふさわしい歩みについて記してきました。「神の子ども」とは、クリスチャンに与えられた単なる呼称ではありません。そこには、確かな事実が伴っています。ペテロはこう記しています。

「神は、ご自分の大きなあわれみのゆえに、イエス・キリストが死者の中からよみがえられたことによって、私たちを新しく生まれさせ、生ける望みを持たせてくださいました。また、朽ちることも、汚れることも、消えて行くこともない資産を受け継ぐようにしてくださいました。」（Ⅰペテロ一・三～四）

また、「神の子ども」とされたということは、子どもたちが成長し、お父さんに似せられていくということでもあります。親にも子どもにも、その自覚がないし、もちろん、違っていく面もあるのですが、傍《はた》から見ると、とてもよく似ています。声の調子、顔の表情、歩き方、良い点も悪い点も、どこか似ています。同様に、神の子どもとされた私たちも、父の御姿に似る者として成長していくはずなのです。

私たちがキリストに似た者となるとは、何と素晴らしい展望でしょう。そうなるか、ならないか、最後になってみないとわからないというような曖昧な言い方はされていません。はっきりとそうなると決まっています。それを、私たちの父であられる神はわかっていてくださいます。やがて整えられて主の御前に立つ私たちの将来の姿を、神は見つめていてくださるのです。そして、「大丈夫、心配するに及ばない。あなたには確かな将来がある」と励ましてくださいます。

神の子どもとされた者に与えられた人生は、神の御目にはゴールがはっきりと見えている歩みであり、そこに向かって私たちは導かれていることを信じましょう。三章三節に、「(だから) キリストにこの望みを置いている者はみな (進んで)、キリストが清い方であるように、自分を清くします」とありました。繰り返しますが、きよめるのは私たちではありません。それは神のみわざです。神は、ご自身の子どもたちの上に聖霊の油を注ぎ、心の畑にみことばの種をとどめていいてくださいました。かつてイエスは神の国をからし種にたとえて言われました。

「天の御国はからし種に似ています。人はそれを取って畑に蒔きます。どんな種よりも小さいのですが、生長すると、どの野菜よりも大きくなって木となり、空の鳥が来て、その枝に巣を作るようになります。」（マタイ一三・三一～三二）

からし種とは、本当に小さな種粒です。ケーキに使うバニラの種のように、一粒だけではあまり存在感がありません。けれども、それが地に蒔かれ、生長すると、立派な木になります。イエスが神の国を小さな種粒にたとえられたとき、そこに意図されたことは何でしょう。要は、種の大きさではなく、しっかりと心の畑に蒔かれたか否か、それがとどまっているか否かです。あるか、ないかです。種粒はとても小さく、人の目に認められないとしても、やがて違いがはっきりしてきます。種をもたない人には何も起こりません。どんなに肥料をやり、耕しても何も生じません。けれども、もし福音の種が蒔かれ、それが心にとどまっているならば、やがて芽を出し、葉を広げ、生長し、実を結ぶことになります。それほど、私たちにとって福音のことばを受け取ることが大事なのです。

兄弟を憎むこと

「私たちは、自分が死からいのちに移ったことを知っています。兄弟を愛しているからです。愛さない者は死のうちにとどまっています。兄弟を憎む者はみな、人殺しです。あなたがたが知っているように、だれでも人を殺す者に、永遠のいのちがとどまることはありません。」（Ⅰヨハネ三・一四〜一五）

神の子どもたちに始まる新しい歩みとして「兄弟を愛する歩み」があることを、ヨハネは教えています。「兄弟を愛する」とは、具体的に何を意味するのかについては、この後具体的に述べられますが、その前に「兄弟を憎む」というあり方が覚えられています。一五節に、「兄弟を憎む者はみな、人殺しです」とあります。これは、ヨハネがイエスから学んだ教えでした。山上の説教にも、そのことが覚えられています。

「昔の人々に対して、『殺してはならない。人を殺す者はさばきを受けなければならない』と言われていたのを、あなたがたは聞いています。しかし、わたしはあなたがたに言います。兄弟に対して怒る者は、だれでもさばきを受けなければなりません。兄弟に

『ばか者』と言う者は最高法院でさばかれます。『愚か者』と言う者は火の燃えるゲヘナに投げ込まれます。ですから、祭壇の上にささげ物を献げようとしているときに、兄弟が自分を恨んでいることを思い出したなら、ささげ物はそこに、祭壇の前に置き、行って、まずあなたの兄弟と仲直りをしなさい。それから戻って、そのささげ物を献げなさい。」（マタイ五・二二〜二四）

人殺しは、その人に与えられた大切な人生を他人が勝手に終わらせてしまうことであり、それは取り返しのつかない犯罪です。被害者の近親者のことや、社会に対する影響ということを考えると、なおさらです。それでヨハネは三章一五節で、「あなたがたが（すでに）知っているように」と述べます。

「殺人」という罪の重さを軽く扱ってはなりません。しかし、神の義の基準からするなら、「兄弟に向かって腹を立てること」と「人を殺すこと」には、さほど違いはないというのです。殺人は、人の心を支配した怒りが招くものであり、怒りにより大切な他者の人格を見失う結果として起こります。ヨハネは、その例を弟アベルに対するカインの怒りの中に見つめました。

人は、この怒りや憎しみという感情を軽く扱ってきたのではないでしょうか。怒りは心の目を見えなくし、正しい判断を奪い取ってしまいます。それは、私たちを滅びへと誘う悪魔に機会を与えてしまいます。それゆえ、神の子どもは、よくよく気をつけなくてはなりません。

「世があなたがたを憎んでも、驚いてはいけません」（Ⅰヨハネ三・一三）と、神の子どもたちとは対照的なあり方が取り上げられています。この対照は、一二節ではカインとアベルに対応しています。カインはアベルを憎み、殺人を犯してしまいました。ヨハネは、殺人者となったカインのうちに、神を愛さない者の姿、世の現実を見つめています。神を愛さない者が人を憎むことは当然のことであり、彼らのふるまいに驚く必要はない、と語ります。

実は、私たちもイエスと出会うまでは、そちら側にいました。「この世」とは、つまり、私たちの人生とは無関係ではなく、私たちがかつて住んでいた領域なのです。罪が私たちを支配してきたのと同じように、憎しみや怒りという感情をあまりに自然なものとして抱き続けてきました。そのことに、神の義の基準に照らされるまで気づかなかったのです。それが人を殺すことと同じほど、恐ろしいことであることに。これに翻弄される生き方は、神の子どもにふさわしくないということに。

しかし、神を知り、神の子どもとされ、福音の種を心に植えていただき、聖霊の油注ぎを受けたときから、私たちのうちに、新しいいのち、新しい生き方が始まりました。これまでの古い生き方、この世に属する生き方から、永遠のいのちに至る新しい歩みへと移されました。一四節はそのことを物語っています。

「私たちは、自分が死からいのちに移ったことを知っています。兄弟を愛しているからです。愛さない者は死のうちにとどまっています。」

むろん、兄弟を愛することが、私たちに永遠のいのちが与えられる根拠ではありません。永遠のいのちは、イエスを信じ、福音を受け入れたときから始まります。しかし、生まれたての子どもたちも、この世のものと向き合い続けなければなりません。それゆえ、腹を立てます。人々の鈍感で無神経なふるまいを苦々しく思います。まだ心から愛することができません。赦せない思いを引きずっています。けれども、私たちが十字架の主を見つめるとき、その憎しみ、その嫉《そね》み、その赦せない苦々しさから解放されます。そこに、キリスト者の勝利、キリストの自由があるのです。

聖書において死は、肉体の死とともに霊的な死を意味しています。神から離れているために、神のいのちにあずかることができず、神の愛と義のうちに生きることができないという意味での霊的な死です。しかし、この世にあって死んでいた私たちを神は贖い、新しいいのちにあずからせてくださいました。神の新しいいのちという賜物には、神の聖さへの憧れと、神の愛の実践へと私たちを向かわせる力が備わっています。神は、ご自身の大きなあわれみのゆえに、御子を死者の中からよみがえらせてくださることによって、私たちを新しく生まれさせ、生ける望みをもつようにしてくださいました（Ｉペテロ一・三）。すでに神の子どもとされ、新しいいのちへと送り出された私たちは、いよいよご自身の愛と聖さに似せられて、成長してゆくことができます。日々の忙しい生活の中で、神の子どもとされた私たちに委ねられている、この大切な課題をそのままにすることがないようにと願います。

兄弟を愛すること

「兄弟を憎む」という否定的側面に光を当ててきたヨハネは、次に「兄弟を愛する」という、積極的な側面について語ります。

「キリストは私たちのために、ご自分のいのちを捨ててくださいました。それによって私たちに愛が分かったのです。ですから、私たちも兄弟のために、いのちを捨てるべきです。」（Ｉヨハネ三・一六）

神の子どもにふさわしい歩みは、いつもキリストのうちに見いだされます。キリストこそ信仰者の模範であり、目指すべき目標です。「キリストも、あなたがたのために苦しみを受け、その足跡に従うようにと、あなたがたに模範を残された」（Ⅰペテロ二・二一）とあります。そして、「キリストは私たちのために、ご自分のいのちを捨ててくださいました。それによって私たちに愛が分かったのです」と。直訳では、まず先に、「このことで、私たちは悟ったのです」と述べた後で、内容が記されています。それは、キリストが「私たちのために、ご自分のいのちを捨ててくださった（もしくは、「差し出された」）という行為でした。神の御子は、私たちの罪を贖うお方として世においでくださいました。

　私たちの心を絶えず捕らえて離さず、私たちを不自由にし、自分のことしか考えられないようにし、本当はしたくない悪を行わせ、そんな言葉を発したくないのに語らせる力が働いています。人は本来の人間性を失って暴走し、滅びへと向かっています。しかし、創造主である神は、ご自身の子どもたちが滅びへと向かうことに手を拱《こまね》いていることができませんでした。断腸の思いで、御ひとり子を世に遣わされました。御父と思いを一つにする御子は、その愛と真実に共鳴されました。神のご意思は、罪人をさばくことではなく、迷える羊を捜し出し、救いに導くことにあると確信したイエスは、全人類の罪を担い、ご自分で十字架という祭壇へと向かわれました。私たちは、この驚くべき出来事、驚くべき愛の前に立たされているのです。パウロはキリストの献身について、次のように思い起こしています。

「実にキリストは、私たちがまだ弱かったころ、定められた時に、不敬虔な者たちのために死んでくださいました。正しい人のためであっても、死ぬ人はほとんどいません。善良な人のためなら、進んで死ぬ人がいるかもしれません。しかし、私たちがまだ罪人であったとき、キリストが私たちのために死なれたことによって、神は私たちに対するご自分の愛を明らかにしておられます。」（ローマ五・六〜八）

キリストがご自身のいのちを差し出されたのは、ご自分を愛する善きしもべたちのためだけではありませんでした。キリストの愛のわざは「私たちがまだ弱かったころ」になされた、とパウロは思い出します。「不敬虔な者たちのために死んでくださった」と。そう語るときパウロは、かつてキリストに背き、教会を迫害した自分の悪行を思い出していたのでしょう。彼は一生涯、この負の経験と向き合いながら歩みました。

あの奴隷船の船長であったジョン・ニュートンは、確かな赦しを経験し、その驚くばかりの恵みを感じるとともに、かつて自分の手で死なせてしまった数多くの奴隷たちに対する罪の重荷を決して軽いこととは考えませんでした。神の恵みに対する驚きの感動は、同時に、彼の、罪人である（あった）自覚とともにありました。キリストが担われた十字架の重さ、キリストが払われた犠牲の大きさを知るとき、目の前の兄弟に対する小さな愛を惜しんでいる私たちはいったい何者なのでしょう。

「ですから、私たちも兄弟のために、いのちを捨てるべきです」とヨハネは語ります。ここは、「兄弟のために、いのちを捨てる義務を負っている」とも訳せます。「実際にあなたは兄弟のために死になさい」と言われているのではないでしょう。それが霊的な意味で言われていることは、その後の教えからも明らかです（Ⅰヨハネ三・一七〜一八）。

ここで、強調されているのは、「自分に死になさい」ということでしょう。兄弟のために、いのちを差し出すというのは本当に難しいことです。それと同じくらい、自分のプライド、自分の地位や立場を横に置いて兄弟を仕えることも難しい課題です。私たちの目の前には、なんと高い壁が立ちはだかっていることでしょうか。いくら背伸びをし、飛び跳ねてみても、その壁を乗り越えることはできません。しかしこのことは、キリストによって可能とされます。キリストは、私たちがその壁を乗り越えることができるように、私たちの踏み台となり、励ましてくださるのです。

人は「他者を愛せ」と言われて、しばらくは懸命に努力することはできます。一日や二日、ひょっとして一週間はもつかもしれません。けれども、やがて疲れ果てて倒れてしまいます。私たちを根底から支える何か、新しい愛のわざへと向かわせる何かが、私たちのうちに始まっていないならば。イエス・キリストを受け入れ、このお方を通して現された神の愛、アメイジング・グレイス、驚くべき神の恵みを知る必要があります。神の子どもとされる必要があります。「私は死からいのちに移っている」（一四節）という確信をもつ必要があるのです。洗礼は、そのことを私たちのうちに確かにする礼典の一つです。洗礼を通して私たちに与えられる恵みは確かにあります。

愛の実践

続けて、「愛の実践」についてヨハネは勧めます。

「この世の財を持ちながら、自分の兄弟が困っているのを見ても、その人に対してあわれみの心を閉ざすような者に、どうして神の愛がとどまっているでしょうか。子どもたち。私たちは、ことばや口先だけではなく、行いと真実をもって愛しましょう。」（Iヨハネ三・一七〜一八）

「兄弟のために、いのちを捨てる」という究極の愛のあり方を示した後で、ヨハネはそれをもっと現実的で、より身近な文脈に下ろして勧めます。「(この世の) 財」と訳されている言葉は、二章一六節では「暮らし向き」と訳されています。「結構な暮らし方」が許されている人ということでしょう。「(その人が) 兄弟が困っているのを見ても」とあります。直訳では、「その人が、兄弟が必要を覚えていることに気づいても」です。気づいていないなら仕方がありませんが、その必要性に気づきながら、気づかぬふりをするとしたら、どうでしょう。ここには、「あわれみの心を閉ざす」とあります。まさに、心にシャッターを降ろし、鍵をかけて、無関心を装うことです。

「良きサマリア人」のたとえ話を思い起こします（ルカ一〇・二五〜三七）。イエスはこのたとえ話の中で、強盗に襲われた人に出会った三人を登場させます。一人は祭司で、もう一人はレビ人でした。彼らは、当時の社会では最も神に近い人たちとみなされていました。そして、最後に登場するサマリア人は、ユダヤ人から軽蔑されていました。換言すれば、最初の二人は、聖書の教えに忠実な人とみなされ、サマリア人は逆に神に見捨てられていると思われていました。けれども、そんな彼らの信仰の内実が問われる出来事が起こります。最初の二人は、身ぐるみ剝がされ、怪我を負わされた人を見ても見ぬふりをして通り過ぎてしまいました。動けなくなっている怪我人を世話するとしたら、彼を背負うか、ろばに乗せて医者のところまで運ばなければなりません。身ぐるみを剝がされていたとすれば、生活の面倒も見なくてはならないでしょう。あのサマリア人が実際に行ったように。つまり、下手に関わると、時間的にも、金銭的にも、労力においても犠牲を払うことになります。それで、彼らは見て見ぬふりをしたのです。一時は同情したかもしれません。しかし、すぐにあわれみの心を閉ざし、厄介な問題に巻き込まれないことが得策だと判断したのです。だれも見ていません。この怪我人も朦朧とした頭で、こちらがだれであるか見分けがつかないでしょう。だから、直ちにその場を離れれば、心に責めを負うこともないでしょう。

そのようにして、私たちもまた、だれかの必要に対して心を閉ざすことがないでしょうか。この種の愛の実践は、先に学んだ「兄弟を赦す」という課題と同様、決して容易ではありません。むしろこちらのほうが難しいとも言えます。なぜなら、「兄弟を赦すか否か」という課題は、絶えずその人の心の中にとどまり続けるからです。赦すべき事柄、また関わるべき対象は、いつもその人の意識のうちにあり続けます。忘れようとしても忘れることができません。けれども、「兄弟の必要に応える」という愛の実践の場合、知らないふりをすればよいだけのことです。相手のほうも何かをしてほしいと、あなたに求めることはないでしょう。

ここに難しさがあります。愛の実践には、より積極的な他者との向き合い方が求められます。それこそ、「自発的に、進んで献げるささげ物」なのです。「子どもたち。私たちは、ことばや口先だけではなく、行いと真実をもって愛しましょう」（Ⅰヨハネ三・一八）と、ヨハネは提案しています。「ことば」ではなく「行い」を通して、互いに愛を現し合っていく歩みが、神の子どもとされた私たちに期待されていることを心にとどめておきたいと思います。

11　愛の実践と信仰の確立

〈Ⅰヨハネ三・一九～二四〉

愛の実践を通して与えられる確信

「そうすることによって、私たちは自分が真理に属していることを知り、神の御前に心安らかでいられます。」（Ⅰヨハネ三・一九）

ヨハネは、当時の教会に属していたクリスチャンに、イエス・キリストを信じて「神の救い」にあずかったとき、「神の子ども」とされているという事実を思い起こさせています。彼らは、生ける神との交わりへと招き入れられ、永遠に失われることのないいのちへと導かれました。永遠に失われることのない神の国が私たちの住まいとなるのは「やがて」のことですが、私たちは「すでに」神の国の国籍を所有しているのです。それゆえ、主は「わたしを遣わされた方を信じる者は、永遠のいのちを持ち、さばきにあうことがなく、死からいのちに移っている」(ヨハネ五・二四)と言われました。それが、どれほど大きな恵みと特権の付与であるかということに気づかされた人は、それと同時に、神の国の住人にふさわしい歩みをしたいと願います。

これまで、私たちは「神の子どもたちに求められる愛の実践」について学んできました。兄弟を愛すること。決して憎んではならないこと。妬《ねた》んではならないことです。そして、愛の実践とは、もっと積極的に他者の必要に応えて生きることであるということも教えられました。「そうすることによって」と、一九節に続きます。「そうすることによって、私たちは、自分が真理に属していること(直訳では、真理から出ていることを)知るようになる(気づくことになる)」と、ヨハネは記します。

私たちにとって、自己アイデンティティの確立はとても大切な課題です。自分がどこに所属しているのか、どこの出の者であるのかを意識することは、今、自分がどう生きなければならないのか、何をなすべきなのかを見極めるために大切なことです。

聖書の時代、その人の出身地は、その人がだれであるのかを明示する一つでした。「ベタニアのマリア」「マグダラのマリア」と、出身地とともに呼ばれた女性たちがいました。イエスも「ナザレのイエス」と呼ばれました。「ガリラヤの町ナザレ」(ルカ二・三九等)とは、当時の社会では、田舎で、そこからは何も良いものが出ないと見くびられた地域でした(たとえば、ヨハネ一・四六を参照)。そして、聖書は、このガリラヤに希望の光が輝く（イザヤ九・二）と預言していました。イエスもご自身が「ナザレ人」と呼ばれることを良しとなさいました。

自分の出生、それはとても重要な意味をもっています。その帰属意識は、私たちにある特別な自覚を促します。自分はどうあるべきなのか、どう生きるべきなのか。何を重じ、何を大切にして生きるべきなのか、という自覚意識です。ヨハネが繰り返して「神の子ども」としての自覚を促しているのは、そのためです。愛の実践を通して、私たちは、自分自身が神の子どもであること、神の子どもとして確かに真理に属していること、真実な神のものとされていることを知るようになるのだ、と。

ここで誤解してはならないことは、愛の実践が私たちを神の子どもに「する」のではないということです。良い行いが救いの条件ではありません。救いは神の一方的な恵みのわざです。そうしたことではなく、ここでは、神の子どもとされた者が救われた事実を「確認する」のは、愛に生きるときである、とヨハネは言っているのです。そして、その確認がその人をいよいよ神の子どもとして整え、成長させていきます。だから、キリストの愛に生きる経験の乏しい人は、その成長の機会を失っていることになるわけです。

また、愛のわざは私たちに平安を与えます。「神の御前に心安らかにされる」と。平安が私たちの心を支配するようになります。心に咎めなく、後ろめたさからも解放され、思い煩いから自由の身とされます。自分が下した決断や選択において、心に責めを感じることがないとは、なんと幸いなことでしょう。

隣人に対して愛を豊かに現せないとき、また、その機会を逸してしまったとき、私たちは心に責めを感じることがあります。自分のことで心がいっぱいになり、他者に対して配慮を欠いてしまったことを悔やむことがあります。あのときは、そんな余裕などないと思ったけれども、冷静になってみると、いくらでも割く時間はあったのではないかと振り返らされます。忙しいときこそ、不思議と仕事がはかどって、かえって時間が余ることがあります。余裕のない最中でも愛のわざを行えるようにと、神が普段よりも必要な知恵と力を備えてくださっているのでしょう。

愛が欠落し、愛のわざを渋るとき、私たちの心は責めを感じます。そして、あとでどれだけ悔やむことになるでしょう。しかし神の愛に生きるとき、私たちは確かに真理に属していることを確認するとともに、神の御前に心を安らかでいられるのです。

心の責め

ヨハネはまた、逆の意味での「心の責め」について述べています。

「たとえ自分の心が責めたとしても、安らかでいられます。神は私たちの心よりも大

きな方であり、すべてをご存じだからです。」（Ｉヨハネ三・二〇）

「たとえ自分の心が責めたとしても」と、ここでは条件文だけが記されており、主文が省略されています。「たとえ自分の心が責めたとしても」、何だというのか。文脈から読み取れることは、「たとえ自分の心が責めたとしても、あなたは愛の実践を怠ってはなりません。言葉や口先だけでなく、行いと真実をもって兄弟を愛しなさい」と勧めているのでしょう。

そこで問われているのは、私たちの良心の声、心の声と、私たちがどう向き合うかという課題です。ときとして心の声が神のみこころに従う障害となることがあります。私たちは普段、心の声に従って生きています。それは「良心の声」とも呼ばれることもあります。その声は私たちに、ある行動を訴えます。電車の中でお年寄りや妊婦を見て、席を譲るようにと私たちを駆り立てる心の声です。人はみな神のかたちに似せて造られたゆえに、神を認める者も、認めない者も、良心の声を備えていると言われます。「良心」こそ、彼が、また彼女が神によって造られた被造物であることの証しなのです。けれどもその良心の声にも限界があって、それはその人の限られた知識や経験に基づいています。それゆえ完全なものではありません。良心は、神との和解、御霊なる神との交わりを通してはじめて完全なものとなるのです。

人は自分の良心、自分の良識にしたがって、何が善で何が悪であるのかを判断します。たとえば、人を赦すという難しい課題について考えてみましょう。本来、人を赦すのは良いことであると私たちは頭でわかっています。ところが、その相手が私に向けた悪しき行為、しかもそれが繰り返され、悔い改めも見られないときに、「安易に赦すべきだろうか」という別の心の声を聞こえてくるかもしれません。

あるとき、ペテロがイエスのところに行って尋ねました。「主よ。兄弟が私に対して罪を犯した場合、何回赦すべきでしょうか。七回まででしょうか」（マタイ一八・二一）と。するとイエスはお答えになりました。「七回を七十倍するまで」（同二二節）と。ここに、私たちの良心の声と神のみこころとの対峙があります。私たちの心には、神に似せて造られた者としての良心が植えつけられています。ですから、「兄弟を愛し、兄弟を赦す」ことの大切さがわかっています。このとき、ペテロが問題にしたのは、「赦すべきか否か」ではなく、「何度までなのか」という限界の問題でした。彼は随分と頑張って、「七回まで」を前提としました。自分の経験と良識の限界すれすれのところで考えたのです。けれども、イエスの答えは「七回の七十倍」でした。七という数字は完全数ですから、七回の七十倍を、四百九十回と計算してはいけません。それは「限度を設けずに」という意味を表していました。「たとえ自分の心が責めたとしても」とは、そのことを言っているのです。

二〇節後半に、「神は私たちの心よりも大きな方であり、すべてをご存じだからです」

と、その理由が記されています。「神は私たちの心よりも大きい！」私たちの目に映っているものは、物事のほんの一側面でしかありません。時間的にも空間的にも、実に限られた領域しか見ていません。そういった狭い領域で、少ない判断材料に基づいてなされる私たちの判断であり、心の声なのです。それゆえ、その心が何らかの責めを感じて戸惑いを覚えたり、胸騒ぎがしたり、痛みを感じたりするときにも、必死に耐えて、神のみこころを学ばなければなりません。神は私たちの心よりも遥かに大きく、何もかもご存じだからです。私たちが実践する愛のわざがどれほど大きな祝福を生み出していくのかも神はご存じです。心がそのことで痛んでいることも神は知っていてくださいます。そして、その心にはやがて平安が広がることも神は知っておられます。

「神は私たちの心よりも偉大です」というこの認識は、私たちの信仰告白でもあります。「神は私の心よりも偉大です」、そう告白するとき、私たちは確かに神を崇めています。そして、神はご自身の御前にへりくだる者とともにおられます。

神の前における大胆さ

「愛する者たち。自分の心が責めないなら、私たちは神の御前に確信を持つことができます。そして、求めるものを何でも神からいただくことができます。私たちが神の命

令を守り、神に喜ばれることを行っているからです。」（Ⅰヨハネ三・二一〜二二）

「たとえ自分の心が責めたとしても」と教えた後で、でも幸いなのは「心に責めを覚えないこと」と、さらなる成長が促されます。「神の御前に確信を持つ」とはどういうことでしょう。直訳では、「神の御前に大胆であれる」です。日本語の「大胆」という表現には、あまり良い意味はありません。辞書を引くと、「度胸が座っている」「思い切りがよい」「図々しい」という言葉が並んでいます。ギリシア語の辞書（BDAG）では、日本語と同様の意味とともに、「隠しごとをせずに（conceals nothing）」「率直に（frankness）」「恐れなく（fearlessness）」「確信をもって（confidence）」といった訳語を提案しています。この聖句の文脈からは、祈りの姿勢について言及していることがわかります。

二一節の後半と二二節の前半に、もう一度目を向けてみると、「大胆に神の御前に出ることができ、そして、求めるものは何でも神からいただくことができる」と、やはり祈りについて述べていることがわかります。「そして、求めるものを何でも神からいただくことができる」とあります。つまり、この大胆さは祈りにおける大胆さなのです。心に隠しごとをせず、率直に祈り、また、恐れなく神に近づき、確信をもって祈る。その祈りを神は聴いていてくださる。そのようにヨハネは言いきることができました。「（なぜなら）私たちが神の命令を守り、神に喜ばれることを行っているからです」と。その祈りは自分の心の声から導き出された祈りではなく、神の愛から学んだ祈りだからです。
ときに、私たちは神のみこころを尋ね求めるより先に、自分の願いを祈っています。神の御前に大胆に出ることなく、神のみこころの外に立って祈っているので、確信がもてません。しかし、この原則は、ヨハネが最後の晩餐の席でイエスから学んだ祈りの秘訣でした。

「あなたがたがわたしにとどまり、わたしのことばがあなたがたにとどまっているなら、何でも欲しいものを求めなさい。そうすれば、それはかなえられます。」（ヨハネ一五・七）

祈るとき、私たちはどこに属しているのかを確かめたいと思います。この世のものにか、それとも、神にか。私たちが頼りにしているのは良心という狭い領域でしょうか。あるいは、神のみこころでしょうか。願わくは、私たちの祈りが、いつも神のみこころと同じ方向を向いていますように。

神の命令

「私たちが御子イエス・キリストの名を信じ、キリストが命じられたとおりに互いに愛し合うこと、それが神の命令です。神の命令を守る者は神のうちにとどまり、神もまた、その人のうちにとどまります。」（Ⅰヨハネ三・二三～二四a）

ギリシア語新約聖書では、最初に、「このことが神の命令です」と述べられた後に、「私たちが御子イエス・キリストの御名を信じること」、また、「キリストがお命じになったとおりに互いに愛し合うこと」と、二つの戒めが記されています。

最初に注目したいのは、文頭に置かれた「神の命令」という用語です。それは、二章三節でも用いられていました。「もし私たちが神の命令を守っているなら、それによって、自分が神を知っていることが分かる」とありました。神の命令を守っていることが、その人の信仰の真偽を判別する試金石とされています。「私は神を信じている」と告白しても、その人の歩みが神の命令に従うものでないなら、そこに真実はない、と。

あらためて、「神のご命令」ということばの重さを覚えます。それは、旧約時代に生きたユダヤ人にとっては、「神の律法」を意味していました。それは守られなければならないものであり、絶対的規範でした。それは、「こうしたら、どうでしょう」という提案やアドバイスとは違います。あるいは、「どうぞできるときにしてください。無理なら無視してください」というような、人の勧めや励ましとも違います。ところが、人類は神の命令をいつも重く受けとめてきませんでした。アダムとエバがそうであったように、神の戒めを軽んずる傾向があります。神のみことばは大切だと理解していながら、現実の生活の中では平気で後回しにする癖がついてしまったようです。神のみこころははっきりしているのに、自分の事情や判断のほうを優先してしまいます。

ヘルムート・ティーリケはこう記しています。「（人は）神に対して不真実になろうという気持をいつも持っていることです。今にも神から自由になろうと、絶えず身構えていることです」（『神と悪魔の間』ヨルダン社、五頁）と。この本性、すなわち「神から自由になろうというこの願望は、人間の最も深い憧れであり、これは神を慕い求める憧れよりも大きいのです」（二一頁）とも記しています。だから、私たちはいつも自分自身の信仰を吟味しなければなりません。私たちの信仰は神のみことばに聞き従おうとしているでしょうか。それとも、自分の心の声に聞き従おうとしているのではないでしょうか。「もし私たちが神の命令を守っているなら、それによって、自分が神を知っていることが分かる」（Iヨハネ二・三）というみことばの語りかけと真摯に向き合いたいと思います。

さて、愛の実践とともに、ヨハネは「御子イエス・キリストの御名を信じる」ことを、「神の命令」として記しています。しかし、この命令は、いまだキリストを信じていない人たちに向けられた命令ではなく、すでに神の子どもとされた者たちに語られたものであるという点が重要です。それは、「御名を信じる」ということが何を意味しているのかということと深く関わっています。聖書において、「名前」とはその人の人格、またその人に委ねられている主権そのものを象徴するものです。イエス・キリストという名前についてですが、「イエス」とはヘブル語のヨシュアのギリシア語読みで、「主は救い主」という意味です。「キリスト」とは「メシア（油注がれた者）」、すなわち、ある特別な使命のために神から遣わされている者を意味します。つまり、「私たちが、御子イエス・キリストの御名を信じる」とは、「このお方のうちに委ねられたことを信じる」ことであり、その主権に信頼し、しっかりお委ねすることを意味しているのです。信じるとは、信頼することです。ここに私たちの出発点があります。私たちの愛の実践は、ここから出発しないと、後々どこかで道を見失ったり、つまずいてしまったりします。

問われているのは、私たちと主イエス・キリストとの交わりです。「神の命令を守る者は神のうちにとどまり、神もまた、その人のうちにとどまる」（Ⅰヨハネ三・二四）とあるとおりです。ある神学者が言いました。「私たちは愛なしには信じることができず、信じることなしに愛することができない」と。神の命令とは、私たちがイエス・キリストの御名（主権）を信頼することであり、そこに確かな交わりが形成されます。そこから始まる愛の実践であり、愛の労苦なのです。

御霊の支え

「神が私たちのうちにとどまっておられることは、神が私たちに与えてくださった御霊によって分かります。」(Ⅰヨハネ三・二四b)

私たちが神を信じ、心が神のほうへ向けられるとは、なんと神秘に包まれていることでしょう。イエスは言われました。

「風は思いのままに吹きます。その音を聞いても、それがどこから来てどこへ行くのか分かりません。御霊によって生まれた者もみな、それと同じです。」(ヨハネ三・八)

御霊なる神のお導きは本当に様々です。「どうしてあなたはキリストを信じるようになったのですか」と、礼拝の椅子に座っておられるお一人お一人に問うてみれば、様々な答えが返ってくるでしょう。神はどこからでも、私たちを救いへと導いてくださいます。御霊なる神が、私たちに、主の十字架を指し示してくださいます。あの十字架が大きな神の愛のわざであったと気づかせてくださいます。そこに御霊が働いておられる、そこに神が救いを備え、この私を導いておられると気づかされます。キリストのうちに示された神の愛こそが、私たちの居場所であると知らされます。

先ほどの神学者の言葉に、「私たちは愛なしには信じることができず」とありましたが、御霊は、私たちを神の愛へと導いてくださいます。みことばにより、また御霊の促しによって、私たちの信仰がいよいよ強められ、私たちが神の愛に生きる者とされますように。

12　見極めるべきこと

〈Ⅰヨハネ四・一〜六〉

霊について

「愛する者たち、霊をすべて信じてはいけません。偽預言者がたくさん世に出て来たので、その霊が神からのものかどうか、吟味しなさい。神からの霊は、このようにして分かります。人となって来られたイエス・キリストを告白する霊はみな、神からのものです。」（Ⅰヨハネ四・一〜二）

霊をみな信じるのではなく、その霊が神からのものであるのかどうかを試す必要があります。「霊」という言葉は日本語に訳しにくいものです。国語辞典に、「肉体から離れた心の本体」とか、「死んだ人の魂」「人知には計り知れない不思議な力」「山林木石の精気」とかいった説明がありました。日本の風土と関係のあるアニミズムの影響が見られます。

それは聖書が語る「霊」とはだいぶ異なっています。「聖霊」とは、神が人類と関わられるときに現された「三位一体なる神の一つのあり方」です。御子が父なる神の愛と義を世に現すお方であるとするなら、聖霊はその御子を世に証しするお方です。それは、創造の初めから終わりまで変わることのない神のあり方です。

「風（ギリシア語《プネウマ》）は思いのままに吹きます。その音を聞いても、それがどこから来てどこへ行くのか分かりません。御霊（ギリシア語《プネウマ》）によって生まれた者もみな、それと同じです」（ヨハネ三・八）とあるように、聖霊はいかなる制約を受けずに、みわざをお進めになります。風が木の葉を揺らすのを見て、そこに風が吹いていることを知らされるように、御霊は心に吹いて神の愛のわざを現されます。その存在と働きは私たちの感覚で確かめることができません。それは信仰によってのみ確かめられます。信仰によって、自分のこれまでの歩みを振り返ったとき、人生のキャンバスに押された足跡（フットプリント）を発見しないでしょうか。主の助けと支えがあったからこそ、ここに私がいると気づかされます。私がそれを求めるより先に、神は備え、私がそこに至る前に先回りをして、行くべき道を開いてくださいました。でも、それは信仰によらなければ気づくことができません。なぜなら、神は霊だからです。私たちの感覚や認識を遥かに超えたところに神はおられるからです。

神が霊であられるということ、そこに神の素晴らしいご本質の現れがありますが、そこには信仰者に対するチャレンジもあります。信仰によって神の恵みを見抜き、豊かに応答する私たちでありたいと願います。

悪しき霊について

さて、御霊の見えざる働きがある一方で、神に敵対する霊の働きもあることを、聖書は警告しています。しかし、それは、善と悪、光と闇という二つの力が均衡した二元的な世界の理解ではありません。そういった悪しき霊も神のご主権のもとにあり、やがては神のさばきの下に置かれます。彼らの働きが許されるのは、神の国が完成する時までです。それまで、私たちの信仰は試され、教会は試みを受けます。試みを受けて整えられ、試練を通らされて建て上げられてゆく歩みである、と聖書は教えます。

この「霊の存在と働き」を考えるとき、ヨハネは当時の教会の中に起こっていた一つのムーブメントに注目しています。教会の中に、異端を語る者たちが次々と起こっていました。二章一九節によると、かつて彼らは教会員であったことがわかります。ところが、やがて使徒たちとは異なる教えを広めて、教会に混乱と戸惑いを与えるようになりました。自分たちを「預言者」と呼び、自分たちの、いわゆる「霊体験」について語りました。不思議な夢を見たとか、お告げを受けたとかとです。確かに、そういった夢を見た人はいたでしょう。

いつの時代にも、霊的なものに対する憧れがあります。自分に与えられた特別な体験に基づいて、「これは主の導きです」と、自分の主張を絶対化してしまう傾向が私たちにもあります。けれども慎重でなければなりません。そのようにして得られた理解は、試される必要があります。みことばの原則に基づいてです。本当に主のみこころと言ってよいのだろうか、そこに偏りはないか、それは単なる自己正当化ではなかっただろうか、と。それが神のみこころかどうかは、みことばによる十分な検証を得たうえで判断されなければなりません。そうでなければ、私たちが偽預言者となってしまう恐れがあります。

また、「霊の働き」に対して注意が必要です。みことばに、「サタンでさえ光の御使いに変装します」（Ⅱコリント一一・一四）と記されています。またそれには「あらゆる力、偽りのしるしと不思議」（Ⅱテサロニケ二・九）が伴うともあります。ポストモダン（脱近代）と呼ばれる時代、理性を超えたもの（たとえば超常現象）に関心を向ける人々は少なくありません。教会宛てに匿名で不思議なことを記した怪文書が送られて来ることもあります。インターネットでは様々な新興宗教の情報が出回っています。「超能力」とか「霊能者」と呼ばれる人たちに注目が集まりますが、気をつけなくてはなりません。霊をすべて信じてはいけないのです。

それでは、霊をどのように見極めたらよいのでしょう。ヨハネは、一つのヒントを私たちに与えてくれています。四章二節に、「人となって来られたイエス・キリストを告白する霊はみな、神からのものです」とあります。私たちの信ずる神は三位一体なる神です。ですから、その霊が御子イエス・キリストへと私たちを導くものでないなら、それは神から出たものではないと判断することができます。その霊が正しくキリストを示さず、混乱と戸惑いを与えるとすれば、それは「反キリストの霊」であり、神に背く霊です。日本人は、長い間多神教の文化の中で生きてきたので、つい霊を無批判で受け入れてしまう傾向があります。しかし、神の子どもたちはそれを正しく見極める必要があるのです。

そして、ヨハネが「人となって来られたイエス・キリストを告白する霊」と記したのは、当時の異端の中に、キリストが肉体をもたずに来たと教えるものがあったからでした。ギリシアの宗教では、「神」は物質界を超越した存在であったため、キリストが肉体を取って生まれたとか、十字架で苦しんだという教えを受け入れることが困難でした。「困難」ということに関していうなら、科学の時代を生きる私たちには、なおさら難しく思えるでしょう。キリストが人となって来られたことは、私たちの理解を遥かに超えたアメイジングな出来事です。でも、このアメイジングな出来事がなければ、今の救いはなかったと言えるのです。

信仰の戦い

「子どもたち。あなたがたは神から出た者であり、彼らに勝ちました。あなたがたのうちにおられる方は、この世にいる者よりも偉大だからです。彼らはこの世の者です。ですから、世のことを話し、世も彼らの言うことを聞きます。私たちは神から出た者です。神を知っている者は私たちの言うことを聞き、神から出ていない者は私たちの言うことを聞きません。それによって私たちは、真理の霊と偽りの霊を見分けます。」（Iヨハネ四・四～六）

ヨハネは、「子どもたち（よ）」と呼びかけ、「あなたがたは神から出た者である」と、再度自覚を促しています。この自覚はとても大切です。それが曖昧になると、つい優先順位を間違えてしまうからです。私たちが生かされているのはこの世です。しかし同時に、神に属し、神の国を生きています。この二つの領域を意識しつつ、今をいかに生きるべきかを問い続けるのが神の子どもたちなのです。

そして、「彼らに勝ちました」と、「勝利者としての自覚」をも促しています。「勝った」という表現には、「戦い」が想定されています。「この世にあるかぎり、信仰者には戦いがある」という認識です。イエスはかつて弟子たちに言われました。「世にあっては苦難があります。しかし、勇気を出しなさい。わたしはすでに世に勝ちました」（ヨハネ一六・三三）と。別の箇所で、「つまずきが起こるのは避けられない」（マタイ一八・七）と言われました。イエスは、弟子たち以上に世の現実を正しく知っておられます。世には苦難があり、つまずきが避けられないという現実です。それは決して軽く見積もられてはなりません。それは避けられない戦いなのです。

私たちは二つの領域を生きていると言いました。戦いはその狭間で起こります。だから、それを「戦いだ」と気づかなくなっている時点で、すでに敗北しているのかもしれません。戦わずして、この世の側に取り込まれているのかもしれません。私たちは今その狭間に立たされているという緊張感を失わないでいたいと思います。

次に、彼らが直面していた具体的な戦いについて触れておきましょう。四章四節にある「彼ら」とは、一節の「偽預言者たち」のことでしょう。彼らはイエス・キリストに関して異論を唱え、教会の交わりを混乱させていました。四章二～三節にある教えの中身から、ギリシア哲学の影響のもとに再解釈されたキリスト論であったことがうかがえます。それはやがてグノーシスとか仮現論とかと呼ばれる異端でした。ギリシアは哲学の発祥の地で、プラトンやアリストテレスが学ばれ、ホメロスの詩に酔いしれ、弁論術も盛んでした。パウロは、「ギリシア人は知恵を追求している」（Ｉコリント一・二二）と記しています。異端の発端はいつも彼らが生きた時代精神と関わりがありました。彼らは、時代の価値観や世界観に合うキリスト理解を追求したのです。

「彼らはこの世の者です。ですから、世のことを話し、世も彼らの言うことを聞きます」（Iヨハネ四・五）とあります。これは、今日様々なキリスト論が生み出されていることとも決して無関係ではありません。時代に合ったキリスト論を追求してゆくうちに、いつしか本筋から逸れていくこともあるのです。当時の様々な哲学思想を学んでいたパウロが語ったこと、「知恵ある者はどこにいるのですか。学者はどこにいるのですか。この世の論客はどこにいるのですか。神は、この世の知恵を愚かなものにされたではありませんか。神の知恵により、この世は自分の知恵によって神を知ることがありませんでした」（Iコリント一・二〇～二一）という箇所はもっと真剣に受けとめられなければなりません。そして同時に、「十字架のことばは、滅びる者たちには愚かであっても、救われる私たちには神の力です」（同一八節）という告白も。

世にあっては苦難があります。戦いがあります。キリストの理解を曖昧にし、神が私たちのために備えられた救いの意味を見失わせようとする働きがいつの時代にもあります。その戦いは、単に教えの上での戦いにとどまらず、キリストに対する私たちの熱心さを失わせ、キリストとの交わりを弱めていこうとする誘惑との戦いでもあります。私たちが神に属しており、神から世に遣わされているというアイデンティティを見失わせようとする働きです。

　ですから、神の子どもたちは見極めなければなりません。自分が何に従っているのか。何に基づいて歩んでいるのか。時代精神の背後にあるものを正しく見抜き、「世の光」「地の塩」としての役割を担い続けていきましょう。

13　神の愛の現れ

〈Ｉヨハネ四・七〜一二〉

愛のテーマ

「愛する者たち。
私たちは互いに愛し合いましょう。
愛は神から出ているのです。
愛がある者はみな神から生まれ、
神を知っています。
愛のない者は神を知りません。
神は愛だからです。」（Ｉヨハネ四・七〜八）

再び「愛のテーマ」に戻ります。「互いに愛し合う」という主題は、手紙の初めから終わりまでを貫いている中心主題です。そして、その主流に添う形で、当時の教会が直面していた具体的な問題が取り上げられています。

四章一節から六節で取り上げられてきたのは、教会の中で福音とは異なることを唱えて混乱を起こしていた輩《やから》に対する対応の仕方でした。「その霊が神からのものかどうか、吟味しなさい」(一節)と教えられていました。教えの背後にどのような世界観や価値観があり、さらにその奥にいかなる霊の働きがあるのかを見極めなければなりません。四章二節と三節に言及される異端の教えの背後には、当時の時代精神、グノーシス的な理解がありました。神という存在をどのように理解するのか、人間とはいかなる存在であるのかという、当時の人々が抱いていた理解に沿う形のわかりやすいキリスト論が提案され始めていました。けれども、使徒パウロが述べたように、人は自分の知恵によっては結局、神を知ることができません(Ⅰコリント一・二一)。聖霊によるのでなければ、だれも「イエスは主です」と言うことはできないのです(同一二・三)。

私たちの信仰を弱め、真理から迷わせ、私たちを神との愛の交わりから引き離そうとする力は、絶えず働いています。そこに信仰の戦いがあります。それは、私たちが想像する以上に手強い戦いです。だから、その教えをよく吟味し、その背後にあるものに対しても注意深くあらねばなりません。

「試す」とか「見極める」という作業には、ときとして厳しさが求められます。「それは間違っているのではないか」と問いかけることには勇気が必要です。けれども、正義をやたらに振りかざし、相手を打ちのめそうとする主張は、むしろ解決を遠ざけてしまうことがあります。そこにも愛が求められるのです。「愛」に裏打ちされていない正義の主張は、厄介な問題を引き起こすことにもなりかねません。それゆえ、ヨハネは「愛のテーマ」に絶えず私たちを引き戻すのです。

「神は愛なり」とは、よく知られた神の定義です。しかし、当時の二元的なギリシアの世界においては、神は「義」であるという理解はあっても、「愛」であるという明確な理解はありませんでした。愛と義が交差しているところにキリスト教の神のユニークさがあります。神は正しいお方です。正しいお方であられるゆえに罪をさばかれます。それを曖昧にしたり、不問に付したりすることはありません。私たちの歩む道がまっすぐであるかどうか、そこに歪みが生じていないかどうかを試されます。私たちはそれを「厳しい」と感じます。しかし、その厳しさは神の愛に裏打ちされた厳しさであることを私たちは知っています。ヘブル人への手紙に、次のように記されています。

「神はあなたがたを子として扱っておられるのです。父が訓練しない子がいるでしょうか。もしあなたがたが、すべての子が受けている訓練を受けていないとしたら、私生児であって、本当の子ではありません。……霊の父は私たちの益のために、私たちをご自分の聖さにあずからせようとして訓練されるのです。すべての訓練は、そのときは喜ばしいものではなく、かえって苦しく思われるものですが、後になると、これによって鍛えられた人々に、義という平安の実を結ばせます。」(一二・七〜一一)

神の子どもたちは、その厳しさの背後にある父の御愛を疑ってはなりません。神は霊であり、義なるお方です。けれども同時に、愛であるお方です。愛は神から出ています。

愛の現れ

「私たちが神を愛したのではなく、
神が私たちを愛し、
私たちの罪のために、宥めのささげ物としての御子を遣わされました。
ここに愛があるのです。」(Ⅰヨハネ四・一〇)

では、「神が愛である」ことを私たちはどこで知るのでしょう。人はしばしば見当違いなところに目を向けているということがあります。目先の事柄に心を奪われ、物事の表だけを見てしまいます。せっかちな人は将来を待てず、今の状況だけで判断します。自分の問題は棚上げにして、責任はすべて他者にあると考える傾向があります。神の厳しさの面だけを見つめて、その裏側に裏打ちされた神の愛を見落としてきていないでしょうか。「主は情け深く、あわれみ深い。怒るのに遅く、恵み豊かである」（参照、出エジプト三四・六、民数一四・一八、ネヘミヤ九・一七、詩篇八六・一五、一〇三・八、一四五・八、ヨエル二・一三、ヨナ四・二）とは、旧約聖書の信仰者たちが繰り返し証ししてきたことでした。神の近くにあって、神の民のためにとりなしてきた主のしもべたちにはそれがよくわかっていました。しかし、神から遠く離れて神を知らず、知ろうとしないうなじの強い民にはそう映りませんでした。神はねたむ神であり、怒りの神であり、さばきの神でした。神は愛であり、そのご本質に変わりはないのですが……。人が神に近づくとき、それは豊かに経験され、逆に神から離れると、それは見えにくくなります。ますます見当違いなところに目を向けて、神の御旨を悟れなくなるのです。

　そういった問題を抱えている私たちの目を、神はいつも正しいところへと導かれます。神の愛が現れているところ、そう、あのゴルゴタの丘に。十字架こそ、私たちが神と出会う場所なのです。

　神が愛してくださったのは、愛に対する私たちからの見返りを求めてではありませんでした。神がまず先に私たちを愛してくださいました。永遠のいのちとは、永遠なる神との間に確かな交わりが築かれることを意味します。枝がぶどうの木に結ばれてはじめていのちを得るように、神のうちにしっかりととどまることです。

けれども、神と人との交わりを隔てるものがあります。それが罪です。その罪がきちんと処理され、隔てが取り除かれてはじめてそこに交わりが生じます。しかしそれは、神のなせるわざであって、人間は全く無力です。それゆえ神が最初に愛してくださったのです。

ここで、「宥めのささげ物（'propitiation'〔ESV、NASB〕）」と翻訳されている言葉は、近年、「贖いのための犠牲（'atoning sacrifice'〔NIV、NRSV〕）」と翻訳すべきであるという提案がなされています。「宥め」という訳語には、少々怒りっぽい神がイメージされるためでしょう。また、「宥める」という行為は、怒らせた側（加害者）が赦す側（被害者）に対して行う行為です。しかし問題となっているのは、罪人の赦し（愛の側面）とともに、罪に対するさばき（義の側面）です。確かに神は人の罪の現実に対して怒られます。でも、その怒りを私たちの上に下さず、ご自身が引き受けられました。怒りが宥められることで、そこに平和がもたらされ、和解が実現したのです。十字架には、「贖い」、すなわち「キリストが私たちの罪を背負う」という側面と、「宥める」、すなわち「神が罪に対する怒りを終わらせる」という二つの側面があるとも言えます。赦しとは、それほど、神の深い愛に根ざした行為なのです。

愛に生きる必然性

「愛する者たち。神がこれほどまでに私たちを愛してくださったのなら、私たちもまた、互いに愛し合うべきです。いまだかつて神を見た者はいません。私たちが互いに愛し合うなら、神は私たちのうちにとどまり、神の愛が私たちのうちに全うされるのです。」（Ⅰヨハネ四・一一～一二）

「神がこれほどまでに私たちを愛してくださったのなら、私たちもまた、互いに愛し合うべきです」の後半部は、「愛する義務を負っている」とも訳せます。それは、クリスチャンにとって何も特別なことではなく、当然そうしなければならないことなのだ、と。マザー・テレサが残した言葉に、次のようなものがあります。

「もしわたしたちの愛がほんものであれば、キリストの愛にこたえるキリスト者として、あなたやわたしこそ、〔助けを求めている〕人たちに気づいて助けとならずにはいられないはずでしょう。……神のために、キリストに向かってするということ。それだからこそ、自分のすべてを尽くして行うよう努めるのです。……キリストの心は、柔和で、いつもほかの人のことを思っておられます。思いやりこそ、聖性への始まりです。……まことのキリスト者であるとは、キリストをほんとうに受け入れること。そして、次々にもうひとりのキリストとされていくこと。私たちが愛されたように、十字架上からキリストがわたしたちを愛してくださっているように愛すること。わたしたちは、互いに愛しあい、人びとを愛さなければなりません。」（『マザー・テレサのことば——神さまへのおくりもの』女子パウロ会、三三一～三四頁）

「まことのキリスト者であるとは、キリストをほんとうに受け入れることなのです」と、マザー・テレサは述べています。ただ頭でキリストを理解しているだけなら、本当の愛に生きることはできません。十字架の上からキリストがこの私を愛していてくださると知ったとき、私たちは、その愛に生かされていきます。生きざるを得なくされていきます。「もしわたしたちの愛がほんものであれば、キリストの愛にこたえるキリスト者とされていくのです」、それが彼女の確信でした。

神の愛を受けた人は、その愛を互いに分かち合う義務を負っているという発想に、「愛のバトンリレー」を連想します。父なる神から子なるキリストに愛のバトンが手渡され、それが今や私たちに託されています。愛のバトンを受け取った人はそれをしっかり握りしめて走り、次の走者に手渡さなければなりません。

また、私たちが互いに愛し合うとき、その交わりの中に、目に見えざる神が共におられるとヨハネは記します。かつてエルサレムの神殿こそ、神の御住まい（Ⅰ列王八・一三、Ⅱ歴代六・二）と信じられていました。教会を神が住まわれるところと考える人もいるでしょう。しかし、神の住まいは「建物」としての教会堂ではなく、キリストの愛に生きる「交わり」です。神は、互いに愛し仕え合う愛の交わりの中に住まわれます。このことをヨハネが語らなければならなかったのは、当時の教会の中に愛の一致が失われていたからでした。そこに神はおられません。なぜなら神は、「混乱の神ではなく、平和の神」（Ⅰコリント一四・三三）だからです。

さらに、一二節後半に、さらに重大なことが記されています。「私たちが互いに愛し合うなら、神は私たちのうちにとどまり、神の愛が私たちのうちに全うされるのです」と。互いに愛し合うとき、神の愛が全うされます。「全うされる」と訳されている言葉は、「完成する」とか、「成し遂げる」とかという意味です。愛は神から発しています。そして、神から発したその愛がキリストを通して私たちに現され、それを見上げる私たちに託されました。そしてその愛は、私たちを通して完成されると言われます。

私たちの生き方を通してそれは成し遂げられるとは、何という重大な責任でしょうか。そして、それはなんと大きな期待でしょうか。そこに私たち人間存在の究極的な意義が示されていると言ってもよいのです。私たちの人生は、神の愛を完成するためにあるのです！　これほど優れた人生の意味があるでしょうか。

愛のバトンは、いま私たちに、教会に託されています。それをしっかり握って、人生の馳せ場を走り抜いて行きましょう。

14　信仰生活を支えるもの

〈Ⅰヨハネ四・一三〜一六a〉

信仰を支えるもの

「神が私たちに御霊を与えてくださったことによって、私たちが神のうちにとどまり、神も私たちのうちにとどまっておられることが分かります。私たちは、御父が御子を世の救い主として遣わされたのを見て、その証しをしています。だれでも、イエスが神の御子であると告白するなら、神はその人のうちにとどまり、その人も神のうちにとどまっています。」（Ⅰヨハネ四・一三〜一五）

直訳では、「神は、ご自身の御霊から私たちに与えてくださった」となります。換言すれば、「ご自身の御霊を分けて、一人ひとりに分かち与えてくださった」というニュアンスです。それはちょうど聖餐式のパンのように、御霊が一人ひとりと分かち合われるということです。しかし、それは一つの御霊からのものであって、いくら分かたれたとしても、「一つ」であるということに変わりはありません。ここに、教会とは何かという大切な意味が表れているように思います。教会は、神の愛が注がれて、神が臨在される場であるとともに、神の霊が一人ひとりに注がれる交わりのことです。聖霊を通して私たちが神のうちにあることを確信し、聖霊を通して神が私たちとともにあることを知るのです。聖霊はそのことの保証です。

また、私たちの信仰を支えるものとして、神が私たちに与えてくださったのが信仰告白です。

四章一四〜一五節のところ、ギリシア語の語順に従うなら、最初に「私たちは見て、証言しています」と述べられ、次にその内容が記されています。「見る（ギリシア語《テアオマイ》）」という動詞は、「注意深く見る」「目撃する」という意味の言葉です。しかもここでは完了形で記されていますから、ヨハネは、自分で目撃した事実を証言しているということです。このことは、手紙の書き出しにおいても述べられていました。

「初めからあったもの、私たちが聞いたもの、自分の目で見たもの、じっと見つめ、自分の手でさわったもの、すなわち、いのちのことばについて。このいのちが現れました。御父とともにあり、私たちに現れたこの永遠のいのちを、私たちは見たので証しし

て、あなたがたに伝えます。私たちが見たこと、聞いたことを、あなたがたにも伝えます。」（Iヨハネ一・一〜三a）

今日の福音書研究は、福音書は実際の目撃証言に基づいておらず、当時の教会の信仰に基づいていると仮定するようになりました。それゆえ、研究者たちの関心は、福音書の証言より、もっぱらその背後に想定される共同体の事情に向けられてきました。証言は確かに主観性から自由ではありませんし、目撃証言と事実を区別する必要はあります。しかし世俗の歴史学がそうであるように、目撃証言を過小評価してはならないのです。新約聖書学を牽引するリチャード・ボウカムの『イエスとその目撃者たち――目撃者証言としての福音書』（新教出版社、二〇一一年〔原書 *Jesus and the Eyewitnesses*, Eerdmans, 2006〕）は、過去二百年の福音書研究において学者たちが前提としてきた、ある歴史認識における大きな誤解を一つ一つ丁寧に説き明かしています。この本は、二〇〇七年に、アメリカの雑誌『クリスチャニティ・トゥデイ』（*Christianity Today*）のブック・アワードを受賞し、二〇〇九年には英国の聖書学において最も功績のあった研究に贈られるマイケル・ラムゼイ賞を受賞しました。その賞をボウカムに手渡した当時のカンタベリー大主教ローワン・ウィリアムズが、この本を「記念碑的な仕事」と評価しています。欧米のみならず、日本の福音書研究にも良い影響を及ぼすことを期待しています。

イエス・キリストの福音が、その目撃者の証言に基づいて伝えられているということを、ヨハネは繰り返し強調しています（Ｉヨハネ一・一〜三、四・一四）。それは、私たちの信仰が神の救いのみわざの事実です。「神が御子を世の救い主として遣わされた」ということが、紛れもないわざの事実だからです。それは、教会が自らの置かれた状況から生み出したものではないし、都合に合わせて勝手に作り変えてきたものでもありません。そして、その事実が私たちの信仰を、信仰生活を支えているのです。

一五節に、「だれでも、イエスが神の御子であると告白するなら、神はその人のうちにとどまり、その人も神のうちにとどまっています」と記されています。「イエスが神の御子であると告白する」とは、神が御子を世の救い主としてお遣わしになったということ（一四節）を告白することです。それは、「神はそのひとり子を世に遣わし、その方によって私たちにいのちを得させてくださった」（九節）と告白することです。「私たちが神を愛したのではなく、神が私たちを愛し、私たちの罪のために、宥めのささげ物としての御子を遣わされた」（一〇節）と告白することです。「神がこれほどまでに私たちを愛してくださった」（一一節）と告白することです。そして、その信仰告白が私たちを神のものとしていくのです。信仰が私たちを神に近づけ、神と結び合わせ、確かな交わりを形成していくのです。「だれでも、イエスが神の御子であると告白するなら、神はその人のうちにとどまり、その人も神のうちにとどまっている」ということが起こっていくのです。

愛と信仰によって

「私たちは自分たちに対する神の愛を知り、また信じています。」（Ⅰヨハネ四・一六a）

この節はギリシア語らしい表現で記されています。邦訳では、「自分たちに対する神の愛」と訳されていますが、原語では、「神が私たちのうちにもっておられる愛」となっています。しかも、そこだけ現在時制です（「知る」も「信じる」もギリシア語では完了時制）。ギリシア語の完了時制には、その動作のはじめと、そこから現在に至るまでの継続を表現する機能があります。つまり、神の愛を知り、信じた時点から今に至るまでの経験を表現しているのです。それに対して神は、私たちが神を知り、信じる前から今に至るまで、ずっと愛の心を保っておられることを、ヨハネは伝えたかったのでしょう。

もう一つ注目したいことがあります。ヨハネは、まず「自分たちに対する神の愛を知り」と記した後で、「信じています（『信じた』と、ギリシア語では完了時制で記されている）」と続けています。それは、単なる補足ではなく、この二つが私たちの信仰の歩みにおいて大切であることを示しています。

まず知る必要があります。何も知らずに信じることはできません。神を知るために聖書を開き、聖書に聴き続けることが大事です。そして、それを説き明かす人も必要です。

使徒の働き八章に、エチオピア人の女王カンダケの高官の救いの物語が記されています。あるとき高官が馬車に揺られながらイザヤ書を声を出して読んでいたとき、ピリポが近づいて、彼に尋ねました。「あなたは、読んでいることが分かりますか」（三〇節）と。エチオピア人の役人でしたから、肌の色からユダヤ人でなかったことがすぐに分かったのでしょう。外国人が旧約聖書を読んでいたので、ピリポは尋ねました。すると、彼はこう答えました。「導いてくれる人がいなければ、どうして分かるでしょうか」と。そこでピリポは馬車に乗り込み、イザヤ書を通して十字架の福音を説き明かしました。高官はその日に救いを経験し、ピリポによって洗礼を受けました。

聖書をひとりで読むのはとても難しいことです。それを説き明かす人が必要です。でも、それだけで十分というわけではありません。確かに、知識として知ることはできたとしても、それで信じることができるわけではありません。知ったこと、知らされたことを確信させてくださるのは神の御霊の働きなのです。「神が私たちに御霊を与えてくださったことによって、私たちが神のうちにとどまり、神も私たちのうちにとどまっておられることが分かる」（Iヨハネ四・一三）とあるとおりです。

私たちの信仰生活を支えているものが何であるのかがはっきりしてくると、私たちには、そのために何を大切にしなければならないのかが示されてくるのではないでしょうか。私たちの信仰生活は明確な信仰告白に基づいているでしょうか。私たちの聖書理解は確かでしょうか。聖書を開かないかぎり、私たちは福音に触れることができません。つい忙しさのあまり、聖書を開くことも教会の礼拝に集うことも少なくなると、私たちの信仰の大切な部分が失われてしまいます。

神の霊が去ったことに気づかず、大丈夫だと自己過信し、結局、敗北してしまったサムソン（士師一六・二〇）の二の前を踏むことがないようにしましょう。知ったつもりでいるのは危険なことです。いつしか私たちの信仰告白は具体的な内容を失ってしまいます。御霊の助けを求め続けないかぎり、知識が私たちの信仰に結びつけられることはありません。「立っていると思う者は、倒れないよう」気をつけなくてはなりません（Iコリント一〇・一二）。私たちの信仰生活が破船に遭うことがないための備えを、日ごろからしておきたいと願います。

信仰と生活

「キリスト教の信仰は、ただ心の中でひそかにキリストを思う、ということだけではありません。信仰をもつ、ということは、『信仰生活』という言葉があるように、生活の中にその信仰がある具体的な形をとって現れてくることです」（『世に生きる教会』日本キリスト教団出版局、九頁）とは、久世そらち先生の信仰入門書の一節です。キリスト教信仰とは、日常の生活のただ中に、ある具体的な形をとって現れてくるものだというのは大切な視点です。

特に二つの点に注目したいと思います。それが「私たちの日常の生活の中に」という点と、それが「ある具体的な形をとって現れるもの」という点です。

それが日常の生活に関わっている事柄であるという理解は、これまでも聖書から教えられてきたことです。日曜日だけのクリスチャンであってはなりません。日曜礼拝で教えられたことを月曜から土曜日までの「日常の生活」で実践するのです。

ヤコブの手紙一章二二節に、「みことばを行う人になりなさい。自分を欺いて、ただ聞くだけの者となってはいけません」とあります。「みことばを聞いても行わない人がいるなら、その人は自分の生まれつきの顔を鏡で眺める人のようです。眺めても、そこを離れると、自分がどのようであったか、すぐに忘れてしまいます」と、次の節（二三〜二四節）に詳しく説明されています。当時の鏡は今日ほど鮮明には映らなかったでしょうから、なおさらです。朝、鏡の前に立ち、そこにぼんやりと映し出された自分の姿の記憶は、忙しい一日の生活の中でいつしか脳裏から遠のいていきます。「鏡」という題材をヤコブが思いついたのは、鏡には写真とは違って一度映し出された映像がいつまでも残ることがないという性質に注目したからでしょう。みことばの種を蒔かれた私たちの心の畑は、精巧なデジタルカメラのように、そこに映し出された神のみこころをしっかりと留めおいていてくれると幸いです。しかし残念ながら、鏡のように、そこに映し出された映像は、一瞬のうちに消えてしまいます。もし私たちの信仰生活が教会堂の椅子に座って説教を聴くだけのものなら、きっとそういうことになってしまうでしょう。記憶の保持とは、与えられた情報へのアクセスが、その人のうちで繰り返され、反復されてはじめて可能となるものです。

また、みことばの理解とは、単に知識として受けとめられるべきものではなく、心の奥深い領域へと浸透し、私たちの具体的な生活と結びつけられなくてはなりません。それがみことばを心に蓄えるということです。

第二の点として、それが「ある具体的な形をとって現れる」という点についてです。私たちは、日曜日に聞いたみことばを心にとどめて、月曜から土曜までの日常の生活へと遣わされます。そして、そこで信仰が具体的な形をとって現されることを期待したいと思います。久世先生がこの本の中で、一つの具体例を挙げておられるところがあります。

「毎年、受験シーズンになると、あちこちの神社や寺院で、合格祈願の絵馬がたくさん掲げられます。……ふだん宗教などには関心のない若者たちや親たちも『苦しいときの神頼み』で、このときばかりはなにがしかの心の支えを求めて、神仏に手を合わせて拝んだりしたのかもしれません。そこに、ある意味での『信仰心』もしくは『宗教的感情』のあることは否定しません。

しかし、数え切れないほどたくさんの人々が志望校への合格を祈っているとしても、では、その志望校や、あるいは自分の進路そのものを、信仰によって定めようとしている人が、いったい何人いるでしょうか。自分は将来どんな道を進もうとしているのか、何を志してこの学校を受験するのか、なぜ進学を望むのか、そもそも何を目指して人生を歩もうとしているのか、といった、より根本的な事柄について、いささかなりとも自分の信仰心や宗教的信念に基づいて考え決断しようとしている人は、合格を祈る膨大な人の数にくらべて、はたしてどれくらいいることでしょう。

今の日本の社会では、宗教とか信仰とかを、自分の生き方、人生の方向性にまで関わるものとして受けとめている人はけっして多数ではないでしょう。」(一四～一五頁)

それぞれの人生の中で大切な選択や決断の場面に立たされたときに、信仰の視点に立ち、信仰に基づいて判断し、決断することを願います。自分の進路そのものを信仰の視点から見定めること、そこに神の国の前進があると励まされます。「キリスト教信仰は、ただ心の中でひそかにキリストを思う、ということだけではありません。信仰をもつ、ということは、『信仰生活』という言葉があるように、生活の中にその信仰がある具体的な形をとって現れてくることです」と。

信仰とは、みことばによって掘り下げられ、全生涯をかけて形成されていくものであることを思わされます。信仰が具体的な形をとって現されてゆく、そのために、みことばに聞き続けましょう。

15　全き愛に立つ

〈Ⅰヨハネ四・一六b〜二一〉

神の愛を全うさせるもの

「私たちは自分たちに対する神の愛を知り、また信じています。神は愛です。愛のうちにとどまる人は神のうちにとどまり、神もその人のうちにとどまっておられます。こうして、愛が私たちにあって全うされました。ですから、私たちはさばきの日に確信を持つことができます。この世において、私たちもキリストと同じようであるからです。」（Ⅰヨハネ四・一六〜一七）

ここに、信仰生活を成り立たせている大切な骨組みが示されています。まず、一六節の真ん中に「神は愛です」と、中心の柱が見えます。ここに福音があります。かつてイエス・キリストを通してこの良き知らせが伝えられたとき、人々は必ずしも神という存在をそのようにはとらえていませんでした。

あのザアカイの物語（ルカ一九章）が示唆するように、当時の人々は、神の国に招かれているのは、律法の教えを落度なく守れる敬虔な人だと考えました。だから、ザアカイのような罪人は神の愛から程遠い存在だと見下されていたのです。ところがイエスは、神の愛は、むしろそのような罪人にこそ注がれていると教えられました。迷える羊を必死に捜す羊飼いの心（ルカ一五・三〜七）こそ、放蕩息子の帰りを待ちわびる父親の心（同一一〜三二節）こそ神の愛の本質であるという教えは当時の人々に衝撃を与えました。「神は愛です」という知らせこそ、私たちの救いを根底から支えている事実です。ここに土台があります。

そして、神の愛はイエス・キリストを通して現され、聖霊を通してその愛を知る者とされました（Ⅰヨハネ四・一三）。つまり、このようにして私たちが神を信じ、信仰を告白する者とされている事実こそが、神の救いのわざの確かな証拠であり、私たちが神に愛されていることの証しでもある。神の恵みを受けて、今の私たちがいるのです。

一七節でヨハネは、「こうして、愛が私たちにあって全うされました」と記しています。動詞は完了時制で記されています。すなわち、神の愛を知り、信仰に導かれ、神との交わりの中に置かれているということは、神の愛がすでに私たちのうちに完成し、全うされていることを意味しています。私たちの信仰そのものが神の愛の結実なのです。このことは、私たちのうちに、ある決定的な立場を与えることになります。一七節後半でヨハネは、「ですから、私たちはさばきの日に確信を持つことができます」と記しています。「確信を持つ」と訳されるギリシア語の動詞には、「大胆さを持つ」という意味があります。「隠し立てするものがない」とか、「公明正大であれる」、「確信を持って立ち、何かに脅えたり不安になったりすることのない」という心の状態を表します。やがて、神の法廷に立たされるとき、私たちは、神の愛の結実として与えられている信仰ゆえに、「さばかれる者」としてではなく、「神の国を継承する者」として立つことが約束されているのです。

さらに、「この世において、私たちもキリストと同じようであるからです」（一七節終わり）と記されています。「キリストと同じよう」とヨハネが語るとき、それは父なる神とのある特別な関係性について言及しています。ヨハネは注意深く言葉を選び、「キリストと同じ」ではなく、「キリストと同じよう（ギリシア語《カトース》）」と表現しています。父なる神と子なるキリストとの間には父と子の交わりがあります。その交わりは特別なものであって、唯一無二です。しかし、神は御子イエス・キリストを通して、私たちをご自身の子どもとしてくださいました（三・二）。神を、「天の父」とお呼びして祈ることが許されています。神と私たちとの間にそのような関係が構築されているという意味で、私たちには、「キリストと同じような立場」が与えられているのです。その私たちがやがて神の御前に立たされたときに、どうして恐れる必要があるでしょうか。雇い人の一人として肩身を狭くして、そこに立つのではありません。永遠のさばきを宣告される罪人として立つのでもありません。天の父なる神の国を相続する者として立つのです。「大胆に」です。「平安と確信を持って」です。そして、そのことのために「神の愛が、私たちのうちにすでに結実している！」この恵みの事実を忘れないでいたいと思います。

恐れなき歩み

「愛には恐れがありません。全き愛は恐れを締め出します。恐れには罰が伴い、恐れる者は、愛において全きものとなっていないのです。」（Ⅰヨハネ四・一八）

「愛には恐れがない」と、愛の本質が覚えられています。「恐れ」という言葉は、一七節の「確信」（新改訳第三版では、「大胆さ」）と訳されている言葉と対照的です。「愛には恐れがない」とは、いかなるところ（神の御前に立つときにも、隣人の前）に立たされても大胆さをもつことができるということです。苦難の日にも、喜びの日にも、確信をもって立つことができる。このことを、一七節の文脈で解釈するなら、私たちが神の愛に信頼し、全き信仰に立って歩むとき、恐れることがないということでもあります。逆に、神の愛を疑い、神の真実を疑うとき、たちまち恐れが心を支配します。神の愛を土台として歩み始めた私たちが、その愛を疑うとき、足もとから崩れてしまうのです。

それで、神はみことばを私たちに語りかけ、御霊がそこに働いて、信仰を呼び覚ましてくださいます。そして奮い立たせられた私たちは、再び、神の愛のほうへ目を向け直します。そして、再び神の愛の上に立つとき、恐れは心から締め出されていくのです。浅瀬で足を滑らせ、焦って取り乱し、溺れかけた人が、我に返り、足もとをいじって、そこに体重を支える地面があることに気づいて立ち上がり、ほっとするようなものです。

愛には恐れがありません。私たちが神の愛を再び発見し、それこそが私の人生を支える土台であることに気づかされていくとき、恐れと不安は私たちの心から締め出されていきます。

さらに、この真理を、神との交わりという文脈の中でとらえ直すこともできます。「恐れには罰が伴う」(四・一八b)という表現には、神のさばきが想定されています。この場合の「恐れ」とは、神の正しいさばきの前に立たされたときに意識させられる恐れのことです。有罪判決にびくびくしながら、そこに立つことです。神の御目から見て、それは正しいことではない、みこころにかなわないと心が責められることです。実は、その時点で私たちはすでにさばかれているのです。終わりの日の天の法廷を待つまでもなく、その恐れによって、すでにさばかれているのです。

聖書には、二種類の「恐れ」が記されています。一つは、「積極的な恐れ」であり、もう一つは「消極的な恐れ」です。

積極的な恐れとは、箴言一章七節、「主を恐れることは知識の初め」と教えられている「恐れ」です。詩篇一一一篇一〇節にも、「知恵の初め それは主を恐れること。これを行う人はみな賢明さを得る。主の誉れは永遠に立つ」とあります。「主を恐れること」、すなわち「神のご主権を尊び、蔑ろにしないこと」、そこに信仰者の幸いが約束されています。

一方、消極的な恐れとは、神の主権性に対する信頼を欠き、そこに自己主張をねじ込む結果として生み出されてくる「恐れ」です。神のみこころを知りながら、それを無視し、自分の願いや主張を通そうと図るときに、私たちの心を支配する「恐れ」です。信仰者は初めから神のみこころをほとんど正確に知っています。みことばからそれを教えられてきたからです。けれども、現実の生活のただ中で、それを知りながら、また気づいていながら、自分の主張をねじ込もうとすることがあります。私たちを誘う者も、私たちにそうした妥協を求めます。アダムとエバは、神の戒めを蔑ろにし、自分の欲望に従った結果、神を恐れ、主の御顔を避けて、身を隠さざるを得ませんでした。

さらに、この真理は、私たちお互いの交わりの状態を見直すためにも有効です。人間関係において解決の糸口が見いだせずにいるとき、その原因が自分のほうにあるという場合があります。もちろん、いつも自分が間違っているということはないでしょう。しかし、振り返ってみる価値はあります。私たちが神の愛に基づき、その土台の上に立っているかを顧みたいと思います。

私たちの愛は、全きものとなっているでしょうか。全き愛は、あらゆる恐れを私たちのうちから締め出します。愛の欠落は、そこに起こるはずのない問題も生み出してしまいますが、全き愛は、起こるはずの問題をも摘み取っていきます。私たちの交わりの中に起こる多くのトラブルは、愛の欠落から生まれているのです。立派な正論、たとえそれが巧妙に理論武装されていても、神の愛の裏づけを欠いた主張を私は信用したくありません。その判断のどこかに、自己主張や自己保身の罪が混ぜ合わされている場合があるからです。それは後々、新たな問題を引き起こすことになります。

神の愛に基づき、また根ざし、神の子としての特別な立場を与えられた者として、いかなる日にも大胆さをもち、平安と確信をもって歩むことができますように。

愛する歩み

「私たちは愛しています。神がまず私たちを愛してくださったからです。神を愛すると言いながら兄弟を憎んでいるなら、その人は偽り者です。目に見える兄弟を愛していない者に、目に見えない神を愛することはできません。神を愛する者は兄弟も愛すべきです。私たちはこの命令を神から受けています。」（Iヨハネ四・一九〜二一）

「私たちは愛しています」とは、私たちが神の子どもであることの表明です。それは、一八節後半で、「恐れる者は、愛において全きものとなっていない」と述べられていることに対して、「でも、私たちは違う。私たちは愛しており、神の愛に基づいて生きている」という表明です。「我ここに立つ」という宣言です。「私たちは愛している」という表現は、考えてみれば不思議な表現です。なぜなら目的語が記されていないからです。このことから示唆されるのは、対象がだれであれ、私たちの取るべき態度は決まっているということでしょう。「正しい人のためであっても、死ぬ人はほとんどいません。善良な人のためなら、進んで死ぬ人がいるかもしれません。しかし、私たちがまだ罪人であったとき、キリストが私たちのために死なれたことによって、神は私たちに対するご自分の愛を明らかにしておられます」（ローマ五・七〜八）とありました。それが正しい人であれ、善良な人であれ、罪人であれ、愛における神の態度は同じだからです。

「目に見える兄弟を愛していない者に、目に見えない神を愛することはできません」とあります。私たちにとって、神を愛することと兄弟を愛することでは、いったいどちらがたやすいことなのでしょうか。ヨハネははっきりと、こう答えます。「目に見える兄弟を愛していない者に、目に見えない神を愛することはできない」と。目に見える身近な存在を大切にできない人に、どうして目に見えないお方の存在を尊ぶことができるでしょうか。

神に対するあり方は、私たちの、身近な者に対するあり方に現れているというのです。兄弟を愛する人は神を愛する人であり、兄弟を軽んじる人は神をも軽んじる人であると見抜かれています。シュラッターという神学者が、この点について次のように述べています。

「（神は決して目に見えない。しかし）兄弟とは生きた交わりの中にあって、その必要なものが見え、その不足している姿は、直接私たちの心に語りかけてくる。私たちの愛は、兄弟に届くのに努力もいらないし、困難もない。すべて良い言葉が、兄弟に達し、すべての賜物が、兄弟の手に渡る。私たちは、兄弟の苦しみを共に担うことができる、その喜びを共に喜ぶことができる。ここでは愛はたやすい。なぜなら、愛が働き、生きるその手段が、ここに私たちに与えられており、そのためのチャンスも用意されているからである。」（『シュラッター 新約聖書講解』14、新教出版社、一〇五頁）

目に見えない神のみこころを、よくよく気をつけていないと、見過ごしてしまいます。けれども、身近なところにいる兄弟の必要は見えるところにあります。彼らの不足している姿は、私たちの心に直接語りかけてきます。私たちの愛は、彼らに届けられるのにそれほど努力を要しません。私たちが語る配慮に満ちた言葉、赦しの宣言は、兄弟の耳にしっかりと届くものとしてあります。私たちの贈り物は兄弟の手に届けられます。こんなにも身近なところに愛を現すチャンスが満ちあふれているのです。

目に見える兄弟を愛していない者に、目に見えない神を愛することはできません。しかし、目に見える兄弟を愛するとき、神は私たちとともにおられます。それをご自身への愛の献身として受けとめてくださいます（マタイ二五・三五～四五）。目に見える兄弟を愛することによって、私たちは目に見えない神を愛するのです。そして、この奉仕をキリストはご自分のしもべたちに切に求めておられます（Ⅰヨハネ四・二一）。

16　神を愛する人の生き方

〈Iヨハネ五・一～四〉

神によって生まれた者の歩み

「イエスがキリストであると信じる者はみな、神から生まれたのです。生んでくださった方を愛する者はみな、その方から生まれた者も愛します。このことから分かるように、神を愛し、その命令を守るときはいつでも、私たちは神の子どもたちを愛するのです。」（Iヨハネ五・一～二）

イエス・キリストを信じたときに与えられる、神の子どもとしての立場は、私たちを新しい歩みへと導きます。「神から生まれる」とは、この世の価値観、この世の原理に基づいて生きる生き方から、神の国の価値観、みことばの原則に基づいて生きる歩みへと移されることを意味しています。

ローマ人への手紙一二章二節に、「この世と調子を合わせてはいけません。むしろ、心を新たにすることで、自分を変えていただきなさい。そうすれば、神のみこころは何か、すなわち、何が良いことで、神に喜ばれ、完全であるのかを見分けるようになる」と勧められています。この世のうちにあるものは、私たちの肉を満足させ、自分を喜ばせ、自分を愛する生き方へと誘います。「肉に従う者は肉に属することを考えますが、御霊に従う者は御霊に属することを考えます。肉の思いは死ですが、御霊の思いはいのちと平安です。なぜなら、肉の思いは神に敵対するからです。それは神の律法に従いません。いや、従うことができないのです。肉のうちにある者は神を喜ばせることができない」（同八・五～八）からです。肉の思いは神に敵対します。この世と調子を合わせて歩むときに、私たちはその戦いを経験します。そして、その戦いは並大抵のものではないことをわきまえる必要があります。

イエスも荒野の誘惑において、それと向き合われました。悪魔はイエスを非常に高い山へと導き、この世のすべての国々と栄華とを見せて、誘惑しました。けれども、イエスは応えに窮されることはありませんでした。「下がれ、サタン。『あなたの神である主を礼拝しなさい。主にのみ仕えなさい』と書いてある」（マタイ四・一〇）と。私たちの心が迷ったとき、このみことばを思い出し、私たちもイエスのように、誘惑に打ち勝ちたいと願います。

また、神の子どもとされた者に求められることは、徹頭徹尾、「愛し合い、仕え合う」ことです。二節に、「このことから分かるように、神を愛し、その命令を守るときはいつでも、私たちは神の子どもたちを愛するのです」と教えられています。私たちの前にいる兄弟姉妹は、私たちがそうされたように、神に愛され、神の子どもとされた人々です。ここに、彼らを愛し仕える理由があります。もし皆さんの愛する子どもが学校でいじめにあったなら、穏やかではいられないでしょう。自分が生んだ大切な子どもが、他のだれかに傷つけられたり、不当な扱いを受けたりするなら、親は黙っていることはできません。逆に、子どもが褒められ、大切にされるなら、親は自分のことのように喜びます。それが親心というものです。私たちが普段向き合っている兄弟姉妹を、神に愛され、神の子どもとされた存在であると認めるとき、私たちのあり方は正されます。

教会は、「交わり（ギリシア語《コイノニア》）」と言われます。神がこの世から召し出された者たちが形成する交わり（ギリシア語《エクレシア》）です。そして、その交わりが確かであるために私たちに求められることは、互いを「神に愛され、神によって生まれた者であり、愛し仕え合う者」として見ることです。そして、その交わりを神はご自分の御住まいとされます。この真理は、当時の教会の中に起こっていた異端の働きの間違いを際立たせます。彼らは、神を愛し、神に仕えていると言いながら、兄弟を憎み、そこに形成されていた交わりを否定しました。

私たちは不完全な人間です。でもそのことをご存じの神は、みことばを語りかけてください ます。神を愛する人はその語りかけに応答し、愛の神のほうに目を上げるのです。神を愛さない人は、そのしなやかさを失っています。その人の正しさの主張は一面的で、バランスを欠いています。その人が大切にしているものは、結局は自分の正しさであったり、自分自身のためであったりする場合が多いのです。そのようなものは愛とは言えません。自分を見失わず、また他者をも見失わぬよう、信仰の創始者であり、また完成者であるキリストから目を離さずにいましょう。

神の命令として

「神の命令を守ること、それが、神を愛することです。神の命令は重荷とはなりません。神から生まれた者はみな、世に勝つからです。私たちの信仰、これこそ、世に打ち勝った勝利です。」（Ⅰヨハネ五・三～四）

「神を愛する」ことは、神の子どもたちに与えられた「命令」です。イエスは、あるとき律法学者から問われたことがありました。

『先生、律法の中でどの戒めが一番重要ですか。』 イエスは彼に言われた。『「あなたは心を尽くし、いのちを尽くし、知性を尽くして、あなたの神、主を愛しなさい。」これが、重要な第一の戒めです。「あなたの隣人を自分自身のように愛しなさい」という第二の戒めも、それと同じように重要です。この二つの戒めに律法と預言者の全体がかかっているのです。』」（マタイ二二・三六〜四〇）

神を愛すること、また、神が愛される隣人を愛すること、それが最も大切な戒めとして私たちに教えられています。ある人は、そのことを意外に思うかもしれません。聖書の教えの中心は、「神が私たちを愛された」事実にあると言うでしょう。確かにヨハネの福音書三章一六節に、「神は、実に、そのひとり子をお与えになったほどに世を愛された」と記されています。ヨハネの手紙第一、四章一〇節にも、「私たちが神を愛したのではなく、神が私たちを愛し」と記されています。神が私たちを愛されたということが福音であり、それに気づくことが信仰です。けれども、それがゴールではなく、出発点です。そこから私たちの信仰生活が始まります。神の子どもとしての新しい人生が始まるのです。

「神の命令を守ること、それが、神を愛することです」とありますが、どうしてそうなのでしょうか。私たちの愛のあり方は完全ではありません。それゆえ、「学ぶ」必要があります。学び続ける必要があります。そして学ばなければならないことは、愛の本質であり、神の視点です。私たちの愛のあり方が不完全であるのは、私たちの視点が自分本意に立つ場合が多いからです。愛の実践において大切なことは、自分の視点からではなく、他者の視点に立って考えるということでしょう。自分から出発すると、他者の本当の必要が見えにくくなります。

欧米で暮らしていたころのことです。クリスマスの時期にデパートを訪れると、入り口に、「サンタクロースにプレゼントを頼もう」という内容の看板が掲げられていました。何かの催し物で、子どもたちにプレゼントが配られているのだと期待して、私たちもその列に並ぶことにしました。デパートの一角にサンタのブースが造られ、雪で覆われた丸太小屋の中に少し太めのサンタが赤装束に白ひげをたたえて腰掛けていました。子どもたちは目を輝かせながら、一人ひとりサンタと握手をし、自分の一番欲しいものをサンタに耳打ちするわけです。子どもたちはサンタに直接会ってお願いできたことを喜びながら安心して家路に着きます。お父さんたちはその後、サンタから耳打ちされて、デパートの玩具売り場に急ぐことになりました。私たちが愛を現すのに昔から用いられてきた方法は贈り物でした。子どもたちはいま何が欲しいのか、愛する子のために親は想像力を発揮して懸命に考えます。しかし、さすがは合理主義の国アメリカです。親たちはプレゼント選びに悩むことなく、子どもたちには欲しいものが届けられ、そしてお店は儲かるという一石三鳥のアイディアです。

確かにこれは効率の良い方策ですが、悩むことは大切なことです。愛を現すために楽をしてはいけません。苦しまなければ成長がありません。愛するゆえに、できるだけ他者の立場になって考えるのです。性急な判断を下さず、時間をかけて想像するのです。その人が喜ぶことは何なのか、その人が最も大切にしていることは何なのかを。そのためには、日ごろから人と交わり、その人に関心を向けていなければなりません。それは、神との交わりにおいても言えることなのではないでしょうか。

私たちの心が神のほうに向いており、神のみこころを知ろうとしていなければ、私たちはそれに気づくことができません。目に見えない神の御旨を、私たちはどのようにして知ることができるのでしょうか。それはただ、神の戒めを通して知るのみです。神のみこころは聖書のみおしえの中にはっきりと示されているからです。神が私たちに何を望み、何を期待し、何を喜ばれるのか、神に対する私たちの愛のあり方は、みことばから学び続けなければなりません。神を愛するために、私たちは神の戒めに聴きながら、不完全で、独りよがりで、バランスを欠いている私たちの視点を神の国の視点に近づけていくのです。

そして、「神の命令は重荷とはなりません」とヨハネは記します。「神の命令」と言われると、萎縮してしまいそうです。しかし、そうではないのです。神がご自身の民にお与えになった戒めはすべて、私たちが幸いな人生を送るためのものでした。神から戒めを授かったモーセはイスラエルの民に、こう告げています。

「まことに、私が今日あなたに命じるこの命令は、あなたにとって難しすぎるものではなく、遠くかけ離れたものでもない。これは天にあるわけではないので、『だれが私たちのために天に上り、それを取って来て、私たちが行えるように聞かせてくれるのか』と言わなくてよい。また、これは海のかなたにあるわけではないので、『だれが私たちのために海のかなたに渡り、それを取って来て、私たちが行えるように聞かせてくれるのか』と言わなくてよい。まことに、みことばは、あなたのすぐ近くにあり、あなたの口にあり、あなたの心にあって、あなたはこれを行うことができる。」（申命三〇・一一〜一四）

神が与える命令は、決して「難しすぎるものではなく、遠くかけ離れたものではない」のです。イエスはそれらをたった二言で要約なさいました。

「『あなたは心を尽くし、いのちを尽くし、知性を尽くして、あなたの神、主を愛しなさい。』これが、重要な第一の戒めです。『あなたの隣人を自分自身のように愛しなさい』という第二の戒めも、それと同じように重要です。この二つの戒めに律法と預言者の全体がかかっているのです。」（マタイ二二・三七〜四〇）

もし、私たちが難しさを感じ、それを重荷と感じているとしたら、原因は、私たちの心が神から離れていることにあります。この世の事柄に心を捕らわれ、世にある様々な欲に支配され始めると、神への「初めの愛」を見失います（黙示録二・四）。そんなとき、本来私たちにとって、重荷ではないはずの戒めが窮屈に思えてきます。決して難しすぎることもなく、遠くかけ離れているわけでもない愛のメッセージが重荷と感じられてくるのです。私たちの心の中で、神を愛し、神に仕えたいという思いと、この世の欲に引き寄せられ、支配され始めているという現実がぶつかり合うからです。

エデンの園でアダムとエバが経験した戦いは何だったでしょうか。たった一本の木、しかも、たった一つの果樹に関する戒めさえ、彼らには重荷と感じられました。食べるにも飲むにも恵まれた環境が許されていた彼らです。その彼らに求められたことは、たった一つの戒めでした。そして、それは、彼らが神を恐れ、神のご主権を尊んで生きる幸いを学ぶためのものでした。ところが、彼らの心の中に起こった一つの欲望が、その戒めを守ることを難しく思わせたのです。

神の戒めは、神を見上げ、神に近づく者にとっては恵みであり、祝福です。ダビデは詩篇二三篇四節で、神のむちと杖こそ慰めだと証ししました。それは、死の陰の谷を歩む者にとっては、大きな慰めなのです。けれども、神から離れ、神に背を向けながら世を見つめるとき、それは重荷となります。それが窮屈に感じられ、息苦しく感じるようになります。その戦いを私たちは経験しているのです。

しかし、神を愛する者にとって、それは決して重荷とはなりません。なぜなら、「神から生まれた者はみな、世に勝つからです」（Iヨハネ五・四）。世の欲に翻弄されたり、目を閉ざされたりして、敗北しないのです。「私たちの信仰、これこそ、世に打ち勝った勝利です」と、ヨハネは声高に勝利を宣言しています。信仰をもって神に近づき、信仰をもって神とともに生き、信仰をもってこの戦いに挑む私たちの勝利ははっきりしています。パウロもこう記しています。

「これらすべての上に、信仰の盾を取りなさい。それによって、悪い者が放つ火矢をすべて消すことができます。」（エペソ六・一六）

信仰は、悪い者が放つ火矢をすべて消すことができます。世にあるものは、私たちの心を捕らえて誘惑することはあります。イエスも、「つまずきが起こるのは避けられない」（マタイ一八・七）と言われました。「世にあっては苦難があります」（ヨハネ一六・三三）と言われました。それらが神の戒めを重荷に感じさせるときがあります。しかし、そのような霊的スランプに陥っていることに気づいたなら、なすべきことは一つです。解決は一つしかありません。そして、それが信仰なのです。「信仰の盾を取りなさい。それによって、悪い者が放つ火矢をすべて消すことができる！」　すでに勝利を収めておられる主を見上げつつ、信仰によって、あらゆる事柄において良き解決を与えられていくことができますように。

17 信仰による勝利

〈Ⅰヨハネ五・五〜一二〉

信仰による勝利者

「世に勝つ者とはだれでしょう。イエスを神の御子と信じる者ではありませんか。」（Ⅰヨハネ五・五）

フランシス・シェーファーは『神なき時代のキリスト者』（いのちのことば社）という本の中で、この世にあって信仰者がいかに生きるべきなのかを論じています。

「人々は救いを『告白』しますが、本当の意味では救われていないのです。それは救いの使信を正しく理解していないからです。彼らは心理的な必要や安堵感を求めています。しかし、キリスト教の使信は心理的な解放だけを語っているのではありません。

（もちろんそれもふくまれていますが。）　そこに存在しておられる聖なる神の御前における真の道徳的な罪について語っているのです。このことを彼らは理解していません。本当の必要は真の道徳的な罪からの救いであって、罪責感からの解放ではありません。多くの人が、救われたと告白します。しかし本当に福音を聞くことなく、救われないまま去っていくのです。それは、彼らが救いの使信を自分の思考回路の中だけでとらえ、『罪がある』ということばを『罪責感』と同じ意味で理解するからなのです。」（二〇二～二〇三頁）

シェーファーは、今の世を見渡しながら、神なき時代、神不在の時代の悲惨さについて語っています。あらゆる面において、社会全体に「飢え渇き」の現象が見られるというのです。実際に、今日の欧米の社会において飢えに苦しむ人々は多くはいません。むしろ飽和状態に達しているとさえ言えます。けれども、人々の心の中には恐ろしいほどの飢え乾きがあります。道徳的指針を失い、自分自身を見失って、どこにも希望を見いだせずに、さまよい歩く人々で満ちています。愛に飢え渇き、真理に飢え渇いている時代です。そして、その時代のただ中に建てられている教会は、この世に対して何を語るのかが問われています。

そもそも聖書の福音とはいったい何を内容としているのでしょうか。私たちは、今この世に対して何を語るべきなのでしょうか。聖書は、何よりもそこに存在される「聖なる神」について語っています。その神は、歴史と空間のただ中にご自身の存在を現す実在の神です。この生ける神の御前に、私たち人間のあり方が問われています。その神が、私たちの存在を見つめ、また、私たちをご自身のもとから引き離そうとする罪そのものを見つめておられます。

シェーファーの言葉にあるように、本当の必要は、神の御前における私たちの具体的な罪の支配からの救いであって、それは私たちが考えるような罪責感からの解放ではありません。私たちは自分の良心を痛める罪と向き合うのではなく、何よりも、そこに存在される神のみこころを痛め、なお痛め続けている私たちの具体的な罪と向き合うことが求められているのです。そのために教会が語り続けなければならないことは、「私たちにとって罪とは何か」である以上に、神の御目に何が罪とされるのかということです。そしてそのことを通して、私たちのうちに正しい罪の理解が与えられ、真の悔い改めが起こり、その罪の解決を得るために、贖い主のもとへと導かれるのです。それこそが私たちの語るべきことばであり、信ずべき福音です。そのために私たちはこの世に生かされているのです。

この世とは、いったいどのような場所でしょうか。飢餓と貧困の現実があります。食糧があり余っている地域もあれば、貧困に苦しんでいる地域もあります。人口の割合からすれば、むしろ飢餓に瀕している人たちのほうが多いのです。旧来の価値観に固執して、無益な殺戮と破壊が繰り返されています。日本の社会では疫病に加えて、詐欺や強盗のニュースで日本全体が痛みを覚えています。人種による差別や性差別の問題があります。そういった緊急の社会問題と日々向き合わされている私たちは、聖書が警鐘を鳴らしていることの救霊の課題への関心を弱めていないかを振り返る必要があるのかもしれません。教会は、社会的諸問題とともに、霊的課題ともしっかり向き合い続けたいと願います。

キリストが来られた意義

「この方は、水と血によって来られた方、イエス・キリストです。水によるだけではなく、水と血によって来られました。御霊はこのことを証しする方です。御霊は真理だからです。三つのものが証しをします。御霊と水と血です。この三つは一致しています。私たちが人の証しを受け入れるのであれば、神の証しはそれにまさるものです。御子について証しされたことが、神の証しなのですから。」（Ⅰヨハネ五・六〜九）

ヨハネは、当時の教会の中で議論されていたことに応える形で、この箇所を記しています。六節に、「この方は、水と血によって来られた方、イエス・キリストです」とあります。そして、その論点を明確にするために、「水によるだけではなく、水と血によって来られた」と続けました。「水によって来られた」と言うのでは不十分で、「水と血によって」と言うべきだ、とヨハネは考えたのです。

では、この場合の「水」と「血」は何を意味するのでしょうか。この点について、二千年の教会の営みにおいて様々な提案がなされてきました。主として四つあります。アウグスティヌスは、この「水」と「血」をヨハネの福音書一九章三四節と結びつけて理解しました。イエスが十字架にかけられ、ローマ兵がイエスの脇腹を槍で突き刺したとき、「すぐに血と水が出て来た」とあります。イエス・キリストの十字架を通して「きよめ（水）と贖い（血）」が始まっていくという理解です。ウェザリントンは、この「水と血」は人間の肉体を象徴しており、イエスが完全な人として来られたことを意味していると主張しています。ルターやカルヴァンは、「水」と「血」を教会の典礼と結びつけて解釈しました。

最近の聖書学者は、この水と血はイエスの公生涯のはじめと終わりを意味すると考えています。水とは、イエスが公生涯のはじめにお受けになった洗礼を意味している、と。そのとき御霊が鳩のように降りて来て、イエスの上にとどまり、天からこう告げる声がありました。「これはわたしの愛する子。わたしはこれを喜ぶ」（マタイ三・一七）と。それを聞いたバプテスマのヨハネは、この方こそ世に来られるはずの神の子であると証言しました。「水によって来られた」とは、この「水によるバプテスマの証言」を指しているという理解です。一方、「血」はイエスの公生涯の終わり、すなわち十字架の死を象徴しているとします。そこにこそ、この方が世に来られた究極的な意味が示されている。そこに贖いがあり、神の愛の現れがあり、神の栄光の現れがあるというのです。

どの解釈が妥当であるのかを判断することは容易ではなさそうです。しかしはっきりしていることは、イエスが確かに神の御子であることをヨハネが証言しようとしているということです。七節に、「三つのものが証しをする」とあります。当時のユダヤ社会において、三人の証言は真実であるとみなされました。「御霊と水と血です。この三つは一致しています」（八節）とあります。そして、その背後に父なる神ご自身の証言があって、それがすべての証言を支えています。

神の証しの前に問われる応答

「神の御子を信じる者は、その証しを自分のうちに持っています。神を信じない者は、神を偽り者としています。神が御子について証しされた証言を信じていないからです。その証しとは、神が私たちに永遠のいのちを与えてくださったということ、そして、そのいのちが御子のうちにあるということです。御子を持つ者はいのちを持っており、神の御子を持たない者はいのちを持っていません。」（Ⅰヨハネ五・一〇～一二）

これまで異端者と向き合い、キリスト論を講じてきたヨハネは、再びエペソの教会の信徒たちに向かって語りかけます。ヨハネにとって重要なことは、異端者との議論に勝つこと以上に、神ご自身が証言しておられるものを正しく受けとめ、それによって永遠のいのちをもつことでした。そして、その恵みにあずかるためには、神による証しを受け入れて、心に留める必要があると、その受け入れ方についてヨハネは記しています。

一方、それを受け入れないとき、その結果を引き受けることになると警告しています。「神を信じない者は、神を偽り者としています。神が御子について証しされた証言を信じていないからです」（一〇節）と。神を信じるという判断は、この世を生きる者に許された選択肢の一つであるように私たちには思えます。数多く存在する宗教の中から一つを選ぶようにです。しかし、イエス・キリストを通してなされた神の贖いのわざの一部始終を目撃してきたヨハネには、そう思えませんでした。実在される神が御子を世に遣わし、この方を通して証しをし、永遠のいのちに至る道を示しておられると認めていたからです。

神が証しされたこと、それは、神が私たちに永遠のいのちを与えてくださったということであり、そのいのちは御子のうちにあるということです（一一節）。永遠のいのちとは、神が私たちに与えてくださった最も優れた賜物であり、希望です。この世には様々な宗教があり、教えがあります。それぞれの宗教の中に共有されるべき大切な真理があります。

人間の幸福とは何か、人はいかに生きるべきかという指針をそれぞれの視点から見ています。そして多くのものは共有されるべきものです。キリスト教が見つめるエゴイズムを仏教も見つめています。兄弟愛は慈悲の概念とも重なります。

けれども、いのちに関するキリスト教の教えはとてもユニークです。ヨハネは五章一二節で、念を押すように記しています。「御子を持つ者はいのちを持っており、神の御子を持たない者はいのちを持っていません」と。ここに分水嶺があります。分水嶺とは、山の頂に流れる水がどちらに流れ落ちるかを分ける点のことです。右に流れるか、それとも左に流れるかによって、水滴は真逆の方向に進むことになります。どこから登っても、結局は同じ頂にたどり着くという考え方があります。確かに、そう言える面もあります。しかし、この分水嶺の前で問われていることはとても厳粛なことで、違いを曖昧にすることはできないということをヨハネは示そうとしているのです。

18　いのちの恵みに支えられて

〈Ⅰヨハネ五・一三〜一七〉

永遠のいのち

「神の御子の名を信じているあなたがたに、これらのことを書いたのは、永遠のいのちを持っていることを、あなたがたに分からせるためです。」（Ⅰヨハネ五・一三）

「これらのことを書いてきたのは」と、ヨハネは再び手紙の執筆目的を明らかにしています。執筆目的は、すでに手紙の最初に記されていました。

「これらのことを書き送るのは、私たちの喜びが満ちあふれるためです。」（一・四）

ヨハネが筆を執り、手紙を記そうとしたときに覚えたその「喜び」とは、いったい何だったのでしょうか。「私たちの喜び」とあるように、複数形で記されていますから、それはヨハネだけの喜びではなく、教会の交わりが「喜び」とすることであり、さらにいえば、愛の神が喜びとされることであったと言えます。「喜び（ギリシア語《カラ》）」という言葉を聖書の中に拾ってみましょう。

「わたしの喜びがあなたがたのうちにあり、あなたがたが喜びで満ちあふれるようになるために、わたしはこれらのことをあなたがたに話しました。」（ヨハネ一五・一一）

これは、最後の晩餐の席でイエスが現した喜びでした。「わたしの喜び」、つまり、イエスの喜びが、「あなたがたの喜び」、すなわち「弟子たちの喜び」とされ、それが「満ちあふれること」、「完成されること」をイエスは願われました。

「あなたがたに言います。それと同じように、一人の罪人が悔い改めるなら、悔い改める必要のない九十九人の正しい人のためよりも、大きな喜びが天にあるのです。」（ルカ一五・七）

「一人の罪人が悔い改めるなら、神の御使いたちの前には喜びがあるのです」（同一〇節）と、もう一度繰り返されています。そこに、「喜びの広がり」が示されています。イエスの喜びが弟子たち（教会の交わり）によって共有されるだけでなく、天の領域において御使いたちにも共有されているのです。救いにあずかる者たちが起こされていくこと、滅びゆくたましいが救いにあずかっていくこと、失われたたましいが見いだされていくこと、そのことが神の喜びであり、イエスの喜びです。そして、その喜びを分かち合う者として私たちも招かれているのです。

この手紙がいよいよ終わりに近づくなかで、ヨハネはあらためて、この喜びの完成という主題を確認します。「（私が）これらのことを書いたのは、（あなたがたが）永遠のいのちを（すでに）持っていることを、あなたがたに（よく）分からせるため」（Ⅰヨハネ五・一三）なのです、と。

ヨハネがこのことを記している相手は、すでに「神の御子の名を信じた」クリスチャンたちでした。そしてその目的は、彼らが永遠のいのちを所有していることを理解させることにありました。ここに、信仰の歩みにおいて大切な教訓があることに気づかされます。信仰の歩みには、まず福音を聴き、信じ、生きるというプロセスがあります。中には、福音を聴くというところにとどまり続けている人もいます（でも大丈夫、愛の神はあなたにふさわしい仕方で導いてくださいます）。また、信仰告白に導かれても、生きるというところに至っていない場合もあります。しかし、生きるという段階に進んだクリスチャンの中には、新しいいのちに生かされている実感をもてずにいる人たちもいるのです。ヨハネがこの手紙で語りかけているのは、こうしたクリスチャンたちでした。

これまで見てきましたように、当時、異端の教えが教会の交わりに混乱をもたらしていました。特に、キリストに関する教えに混乱がありました。そもそも議論には、建徳的なものもあれば、周囲につまずきを与えるだけの無益な議論もあります。そして、その後者の議論が当時の教会に起こっていました。キリストが人となって来られたことを否定し、結果としてキリストの十字架の意義を曖昧にする教えです。もし十字架の贖いの教理が曖昧になるなら、罪からの解放はなく、永遠のいのちの約束も不確かなものとなります。そういった虚しい議論の渦に巻き込まれているうちに、永遠のいのちへの希望がいつしか色褪せて感じられたのではないでしょうか。

ヨハネが主に仕えた時代には、異端との戦いのみならず、獣化するローマ帝国による迫害があり、ローマに忖度《そんたく》する地域住民らから受ける不当な扱いがありました。生活を守るためには信仰の妥協を迫られる機会も増えてきていました。そのような状況の中で、教会は心底疲れ果てていました。「初めの愛」（黙示録二・四）を失いかけていたのです。

そういった彼らに、ヨハネはあらためて福音の恵みを指し示します。「あなたは、すでに優れた賜物をもっています。あなたが所有しているのはかけがえのないいのちです。このいのちとは、永遠から永遠に至る時間の中に存在される神との交わりであり、その中で保たれる確かないのちです。それは、私たちの肉体が滅んでもなお続いていくいのちであり、決して失われることのないものです。それゆえ、『永遠のいのち』と呼ばれます。教会はこのいのちをすでにもっていると告白し、そのいのちの恵みに生かされていることを自覚していなければなりません」と。

「聴き、信じ、生き、そして自覚する。そのために、思い出す。」みことばと御霊によって思い出し、永遠のいのちを生きている自覚を呼び覚まし、初めの愛を回復したいと思います。主の喜びを喜びとし、その完成を心から期待しながら、この難しい時代に仕える教会でありたいと願います。

祈りつつ

「何事でも神のみこころにしたがって願うなら、神は聞いてくださるということ、これこそ神に対して私たちが抱いている確信です。私たちが願うことは何でも神が聞いてくださると分かるなら、私たちは、神に願い求めたことをすでに手にしていると分かります。」（Ⅰヨハネ五・一四〜一五）
イエスを信じ、神の子どもとされた恵みを実感するのが「祈り」です。それゆえ、ヨハネは祈りについて教えます。まず、「何事でも神のみこころにしたがって願うなら」と記されていることに注目しなければなりません。これこそが聖書が教える祈りです。ここに、祈る者と祈りを聴かれる神との正しい関係が表されています。祈りとは、愛する天の父との間に許された真実な交わりであることを多くの人は見逃しています。神との関係が壊れているなかで、いくら自分の願いを唱えても、それは祈りにはなりません。祈りは、神と神の子どもたちの信頼関係の上に成り立っているものだからです。

私たちが父との確かな交わりのうちにあるなら、ある大切なものを父と共有することになります。それは、みことばのうちに現されている神のみこころです。神の喜びが私たちの喜びであり、神の願いが私たちの祈りとなります。それは主の弟子たちがイエスの祈りから学んだことでした（ルカ二二・四二）。だから、「何事でも神のみこころにしたがって願うなら」と言われているのです。そして、神はその願いを聞いてくださるということ、これこそ神に対する私たちの確信です。

もう一点、目を留めたいことがあります。それは、「神は（その願いを）聞いてくださる」とあって、「かなえる」とは記されていないことです。「願ったことが、かなう」と言うとき、無意識のうちに、神の主権が無視されているときがあります。そこで意識されているのは私たちの願いであって、神のみこころへの問いは背後に退いています。それは交わりではありません。祈りとは、神との交わりの中で、何が最善であるのかを共に考える

（考え始める）ことだからです。究極的には、「わたしの願いではなく、みこころがなりますように」（ルカ二二・四二）という祈りです。

神は私たちの祈りを聞いてくださいます。ですから私たちも御父のみこころを、みことばと御霊の御導きを通して聴かねばなりません。祈りについて、私たちはだいぶ誤解してきた点があるのではないでしょうか。祈りを回復するためには、神との信頼関係を回復しなければなりません。

続いて一五節に、「私たちが願うことは何でも神が聞いてくださると分かるなら、私たちは、神に願い求めたことをすでに手にしていると分かります」とあります。ここでも、「かなえる」という言葉は原文にありません。「私たちが神に求めた願いを私たちはすでに持っていると知るのです」というのが直訳です。それが、みこころにかなう願いなら、その祈りの答えをすでに私たちは持っているといいます。それゆえ、疑わず確信をもって祈り続けることができるのです。もし、祈りに確信がもてず、どこかで疑っているなら、それは神のみこころにかなう祈りではないのです。神との交わりの中で確かめられ、吟味された祈りではないのです。

クリスチャンは祈りについて学ぶ必要があります。主のお弟子たちもイエスに尋ねました。「主よ。……私たちにも祈りを教えてください」（ルカ一一・一）と。そして、私たちが祈りについて学ぶ訓練の場は祈りなのです。初めは不十分な祈りでしょう。自己中心の祈りからなかなか抜け出せないものです。それで失敗を繰り返します。祈っても祈っても、神は何も応えてくれないとつぶやきたくなります。これまでのみことばの説き明かしと矛盾するかもしれませんが、あえて申し上げます。それも祈りなのです。神は、その身勝手な祈りにも耳を傾けておられます。

しかし、その祈りは練られる必要があります。そこに、いつまでもとどまっていてはいけません。もしそこにとどまり続けるなら、祈りの本当の素晴らしさを味わうことなく、信仰の生涯を終えてしまうことでしょう。自己中心の祈りから抜け出さなくてはなりません。私たちを愛してくださる父なる神との親密な交わりの中で、よく確かめられ、吟味された祈りを信仰の生涯をかけて学ばなければなりません。やがてその祈りは喜びとなり、あなたの人生を豊かに祝福する恵みとなることでしょう。

とりなしの祈り

「だれでも、兄弟が死に至らない罪を犯しているのを見たなら、神に求めなさい。そうすれば、神はその人にいのちを与えてくださいます。これは、死に至らない罪を犯している人たちの場合です。しかし、死に至る罪があります。これについては、願うようにとは言いません。不義はすべて罪ですが、死に至らない罪もあります。」（Iヨハネ五・

一六～一七）

祈りの奥義について教えた後に、ヨハネは具体的な教会の祈りの課題をあげています。教会における最も重要なとりなしの祈りは罪の赦しです。兄弟姉妹が陥っている罪を知ったとき、教会はそのことのために祈らなければなりません。その人の罪が赦され、神との交わりを回復し、永遠のいのちを保つために祈ります。

ヤコブの手紙の五章一五節にこう記されています。

「信仰による祈りは、病んでいる人を救います。主はその人を立ち上がらせてくださいます。もしその人が罪を犯していたなら、その罪は赦されます。」

病の癒やしとともに、「罪の赦し」という祈りの課題があげられています。祈りによって、即座にその人の罪が帳消しにされるというのではありません。祈りにおける主との交わりの中で、その人のうちに真の悔い改めが生じることを祈るのです。神の御前で問われる罪の重さを知る人は、愛する兄弟姉妹がそれに陥っているのを知ったとき、見て見ぬふりをすることができません。しかし、それは、私たちが兄弟姉妹の番人となることを意味しません。

私たちはよく勘違いを起こしてしまいます。他人の罪に気づいたとき、自分で何かをしなければいけないと考えます。そして、同じ罪を犯しはしまいかと目を凝らし始めます。ときには怒りを覚えます。そのことで自分が腹を立てる必要などありませんが、自分の良心が傷つけられたかのように錯覚するのです。けれども、ヤコブの手紙の一章一九～二〇節にあるように、「人はだれでも、聞くのに早く、語るのに遅く、怒るのに遅くありなさい。人の怒りは神の義を実現しない」のです。

私たちがすべきことは、祈ることです。最も大いなる愛のわざはとりなしの祈りです。神はそれを喜ばれます。ヤコブの手紙五章一六節に、「ですから、あなたがたは癒やされるために、互いに罪を言い表し、互いのために祈りなさい。正しい人の祈りは、働くと大きな力があります」と勧められています。

死に至る罪

「だれでも、兄弟が死に至らない罪を犯しているのを見たなら、神に求めなさい。そうすれば、神はその人にいのちを与えてくださいます。これは、死に至らない罪を犯している人たちの場合です。しかし、死に至る罪があります。これについては、願うようにとは言いません。不義はすべて罪ですが、死に至らない罪もあります。」（Ⅰヨハネ五・

（一六～一七）

ここに、二種類の罪があることが記されています。一つは「死に至る罪」であり、もう一つは「死に至らない罪」です。ここに言及された「死に至る罪」に関して、様々な議論があります。まず、「罪」はすべて「さばかれる」ものであるということです。「罪の報酬は死です」（ローマ六・二三）とあります。死に至る病であるその罪から贖い出すために、神は御子を世にお遣わしになりました。しかしヨハネは、さらに深刻な罪があることを記しているのです。「これについては、願うようにとは言いません」と。教会はそのことのためにとりなさなくてよいと言うのです。つまり、「この問題だけは、さばき主である神にゆだねなさい」ということでしょう。

では、ヨハネはどのような罪を思い浮かべていたのでしょうか。「聖霊を冒瀆する者は、だれも永遠に赦されず、永遠の罪に定められる」（マルコ三・二九）とイエスは言われました。また、ヘブル人への手紙には、「一度光に照らされ、天からの賜物を味わい、聖霊にあずかる者となって、神のすばらしいみことばと、来たるべき世の力を味わったうえで、堕落してしまうなら、そういう人たちをもう一度悔い改めに立ち返らせることはできません」（六・四～六）と記されています。最近の学者たちの見解は、この手紙が繰り返し取り上げてきた異端者たちの罪の重さを指摘しています。この手紙の次に読むヨハネの手紙第二に、以下のように記されています。

「だれでも、『先を行って』キリストの教えにとどまらない者は、神を持っていません。その教えにとどまる者こそ、御父も御子も持っています。あなたがたのところに来る人で、この教えを携えていない者は、家に受け入れてはいけません。あいさつのことばをかけてもいけません。そういう人にあいさつすれば、その悪い行いをともにすることになります。」（九〜一一節）

イエス・キリストについて異なったことを語る異端者たちに対して断固とした態度を取るようにと勧めています。福音を曲げてしまう人々、救いの教理を歪めてしまう人々は、彼らのみならず、その教えを受けた人々をも巻き添えにしてしまいます。そしてその歪んだ教えが何世代も継承されてしまう場合もあります。彼らのことについては、さばき主である神にゆだねるべきだとヨハネは勧めています。だからといって、彼らが救いから遠ざけられたと考える必要はありません。

以前、牧会していた教会に、かつてエホバの証人であった方が集っていました。統一協会から救出されてクリスチャンになった方を私は何人も知っています。しかし、ここで教えられることがあります。「とりなすべき祈り」と、「ゆだねるべき祈り」です。そのことから私たちは、そこにも神のご主権があることを知らされます。信仰者の祈りと教会の祈り。私たちには、まだまだ学ぶべきことがたくさんあります。

19　信仰者の確信

〈Ｉヨハネ五・一八～二一〉

罪との訣別

「神から生まれた者はみな罪を犯さないこと、神から生まれた方がその人を守っておられ、悪い者はその人に触れることができないことを、私たちは知っています。私たちは神に属していますが、世全体は悪い者の支配下にあることを、私たちは知っています。また、神の御子が来て、真実な方を知る理解力を私たちに与えてくださったことも、知っています。私たちは真実な方のうちに、その御子イエス・キリストのうちにいるのです。この方こそ、まことの神、永遠のいのちです。子どもたち、偶像から自分を守りなさい。」（Ｉヨハネ五・一八～二一）

ヨハネはこの手紙を締めくくるに際して、朗読を通して思い起こされ、確認されるべき事柄を端的に要約しています。原文では、一八節から二〇節に三つの文が並べられ、いずれも「私たちは知っている」という表現で始まります。信仰者がいつも確信しておくべきこととして述べられています。

では、最初の確認です。

「私たちは知っています。神から生まれた者はみな罪を犯さないことを、また神から生まれた方がその人を守っておられるので、悪い者はその人に触れることができないことを。」

ヨハネがまず確認を求めていることは、罪に対する私たちの態度であり、向き合い方です。「神から生まれた」は、神の御子を通して与えられる罪の赦しと神との和解ですが、私たちはこの救いの教理を、救われた私たちの側から見つめます。それとともに、私たちが救われることを熱望される神の側からも見つめる必要があるのです。イエスは、罪人を捜して救い出すことを願われる御父の愛を様々なたとえ話によって教えられました。

放蕩息子が自分の父のもとからさまよい出て、どこにも助けを求めることのできない地点に立たされたときに、しみじみと思い起こしたのは父との交わりでした。そこにはいつも平安と憩いがありました。けれども、その恵みの中にどっぷりと浸かっていたときには気づくことができませんでした。退屈にさえ感じていました。それで、そこから離れて自由になりたいと考えました。そんなものがなくても、自力で頑張れると思っていました。ところが、自分が頼ってきたものがいかに虚しいものであるのか、そこには一時の楽しみや喜びがあっても、長続きするものではなく、人生を根底から支えるものではないということに気づきました。そして、ひとりきりになって人生を見つめ直し、走馬灯のように浮んでは消えていく虚しい歩みを見送りながら、一つだけ消えていかないものがクローズアップされたのです。それは、愛する父との交わりでした。父のもとにあることの幸いでした。それに気づいたとき、彼は立ち上がり、もと来た道を急いで引き返しました。しかし彼は、父が自分を快く受け入れてくれるとは、これっぽっちも思っていませんでした。「雇い人の一人でもいい。この父のもとにいさせてほしい。」それが彼の願いでした。ところが、父親は、息子がまだ家からだいぶ遠いところを、とぼとぼと歩いて来るのに気づいたとき、走り寄って彼を抱き、口づけしました。父親はしもべたちに命じました。「急いで一番良い衣を持って来て、この子に着せなさい。手に指輪をはめ、足に履き物をはかせなさい。そして肥えた子牛を引いて来て屠りなさい。食べて祝おう。この息子は、死んでいたのに生き返り、いなくなっていたのに見つかったのだから」（ルカ一五・二二〜二四）と。

私たちに救いの道を備えてくださった天の父のみこころを、もう一度思い浮かべたいと思います。神は、ご自身のもとから離れて、さまよい出た私たちに走り寄り、ご自分の子どもとして受け入れてくださいました。しかも、私たちの負債を全部肩代わりしてくださいました。そのようにして神の子どもとしていただいた私たちです。この神の深い御愛と恵みを思い起こすとき、私たちは、罪との向き合い方において不誠実であることなど当然できないでしょう。

さらに、私たちが罪に敗北しない理由として、神の子どもたちに対する神の御守りがあることを述べています。「神から生まれた方がその人を守っておられ、悪い者はその人に触れることができないことを、私たちは知っています」（Ⅰヨハネ五・一八b）と。まことのぶどうの木であるキリストの幹に結びつき、主ご自身との交わりの中にあるとき、悪しき者は私たちに指一本触れることができません。逆に、主との交わりが希薄になるとき、誘惑する者は私たちのところに足早に近づいて来ます。様々な言い訳を私たちの心の中に引き起こし、神のみこころを見えなくさせます。それは巧妙であり強力です。しかし、主のもとにあり、主との交わりの中にあるなら、私たちの勝利はすでに明らかなことです。

二番目に、ヨハネが共有しようとしている確信は、信仰のアイデンティティです。

「私たちは知っています。私たちは神に属していることを、しかし、世全体は悪い者の支配下にあることを。」（Ⅰヨハネ五・一九）

別訳として、「神に属する者であること」、「神のご支配のもとに移された者であること」、「神の側に立つ者であること」とも解せます。信仰者のアイデンティティの確立とその自覚はとても大切です。自分が何者であり、どこに所属しているのかを明確にしていることは、様々な点でつまずきから私たちを守ります。そのアイデンティティの確立が不確かであり、しかもその自覚がときどきの経験において退くとき、私たちの歩みはことごとく世の流れに流され始めます。何が大切なことであり、何がそうでないのか、どこにとどまるべきであり、どこから離れるべきなのか、どこに答えを求めるべきなのかがわからなくなってしまいます。それゆえ私たちは、いつもこのことを明確にしておきたいと思います。「私たちは神からの者、神に属する者、神の側に立つ者」であるという自覚です。

三番目の確認は、御子イエス・キリストに対する私たちの信仰です。

「私たちは知っています。神の御子が来て、真実な方を知る理解力を私たちに与えてくださったことを。また、私たちは真実な方のうちに、その御子イエス・キリストのうちにいることを。」(Ⅰヨハネ五・二〇)

私たちは、神の御子が来て、私たちに真実な方を知る知識を与えてくださったという確信をもっています。このお方のうちに、御父へのもとに通ずる道があり、真理があり、いのちがあるという確信です。私たちはこのお方との親密な交わりのうちに置かれているのです。

偶像への警戒

「子どもたち、偶像から自分を守りなさい。」（Ⅰヨハネ五・二一）

終わりにヨハネは一つの警告を発して手紙を閉じています。これまで一度も手紙の中に取り上げてこなかった偶像の問題に触れています。しかも手紙を締めくくる挨拶も省かれて、警告の言葉だけが記されています。当時の教会が置かれていた状況を考えるとき、異端の働きとともにこの問題は確かに深刻でした。町の至るところに異教の神々を祭る神殿があり、ローマ皇帝を現人神《あらひとがみ》として礼拝することがローマへの忠誠心の表れとして期待されていた時代でした。たとえ彼らが偶像礼拝者でなかったとしても、国民儀礼としてそれが求められていました。一般市民が安価に手にすることのできた肉のほとんどは、一度偶像の神殿に供えられたものでした。それを祭司たちが市場に卸したものが出回っていました。安い価格の肉を手に入れようとするなら、そういった肉を買わざるを得なかったのです。
私が幼少期を過ごした茨城県古河市にあった教会は、三神町という小さな町にありました。三つの神とあるように、昔ながらの因習が根深い町でした。日常で神社との関わりが求められたこと、会合はいつも神社でもたれたことなどを子どもながらに覚えています。シュラッターはこう記しています。

「ヨハネはただ教会に、短いけれど決定的な言葉で、彼らがかつての偶像礼拝に戻ってゆくことはゆるされないことを思い起こさせているのである。『子たちよ、偶像に気をつけなさい。』今やあなたがたは、真に神をもっている。イエスにおいてあなたがたは、真実の神を見出した。偶像と神は、一致しない。『あなたがたは、真実なお方の中にあるならば、すべて異教的な事柄からの完全な分離を、注意深く、真剣に貫き、あなたがたがかつて拝んでいたものから今、逃れなければなりません。』」(『シュラッター新約聖書講解』14、一二三頁)

それゆえ、シュラッターは、「このような結びの文章はそこからどの部分も欠落することは許されない、固く結ばれた鎖である」と述べています(同頁)。きっぱりとそこから離れなさい。なぜなら、あなたは偶像の神にではなく、永遠の契りを交わした愛の父に仕えているからです。神の忌み嫌われるものに触れてはなりません。

「私たちは神に属する者である」という自覚。ヨハネが手紙の最後に記した三つの自覚。その一つ一つを、確かめながら、私たちもその確信に立たせていただきましょう。信仰から信仰へと、日々成長し続ける私たちでありますように。

20　真理のうちを歩む

〈Ⅱヨハネ一～六節〉

交わり

「長老から、選ばれた婦人とその子どもたちへ。私はあなたがたを本当に愛しています。私だけでなく、真理を知っている人々はみな、愛しています。真理は私たちのうちにとどまり、いつまでも私たちとともにあるからです。父なる神と、その御父の子イエス・キリストから、恵みとあわれみと平安が、真理と愛のうちに、私たちとともにありますように。」（Ⅱヨハネ一～三節）

ヨハネの手紙第二と第三は第一の手紙と比べると、パウロ書簡のように差出人と受取人が記されています。第一の手紙がいきなり主題に入っていたのに対し、第二と第三の手紙はいずれも「長老から、～へ」という挨拶で始まります。ひょっとすると、この二つの短い手紙は、第一の手紙に添えて送られた可能性もあります。かなり分量のある第一の手紙は、当時の教会が直面していた問題や課題に対する具体的な指示書であったのに対し、第二と第三の手紙は、その指示に添えて、特定の教会の群れと人物に宛てられています。

教会はこの三書簡をセットとして継承しました。内容の点からすると、第二と第三の手紙は第一の手紙を要約し、特出すべき点を際立たせていると言えます。これまで、第一の手紙で学んできたことを、この第二と第三の手紙を通して確認し、教えられてきた事柄をしっかりととらえ直しましょう。

手紙の著者は、自分を「長老」と呼んでいます。「長老」はもともと、ユダヤ人社会における指導者を表す言葉でした。出エジプトの際、次第に多忙を極めていた預言者モーセの肩の荷を軽くするために、イスラエルから七十人の長老が選ばれました（民数一一・一四～二五）。この制度はユダヤ教のシナゴーグに受け継がれ、さらには教会にも引き継がれました。パウロは牧会者テトスに、町ごとに長老たちを任命するよう命じました（テトス一・五）。「長老」という役職名は、「霊的な指導者」、使徒たちを指す言葉としても用いられました。ペテロの手紙第一の五章一節で、ペテロは自分自身を「長老」と呼んでいます。

さて、著者は自分を「長老」と名乗ります。「長老から」とだけ記すことで、手紙の差出人がだれであるのかが相手にも伝わると理解していたのでしょう。仮に私がイギリスにおり、そこから「牧師から」と書いても、教会の皆さんは差出人がだれであるかに気づくでしょう。そして、「遠藤から」と書くより、「皆さんの牧師から」と書いたほうが、きっと温かい交わりを感じるのではないでしょうか。遠く離れていても、キリストのからだに属するお互いであるという、霊的家族としての特別な関係が意識されます。つまり、手紙の冒頭に記された「長老から」という表現は、単に役職名の顕示ではなく、手紙の差出人と受取人との間に成立している特別な関係、霊的な交わりを言い表しているのです。

次に、受取人は「選ばれた婦人とその子どもたち」と記されています。ここで、「婦人」と訳される言葉、ギリシア語で「キュリア」という名詞は、ある特別な立場の女性を意味する言葉でした。英訳聖書には'Lady'と訳すものがあります。しかし、それがある特定の女性を指しているとするなら、なぜ固有名詞が記されなかったのかが不思議です。この手紙は、ある特定の婦人と子どもたちにだけ書き送られたものなのでしょうか。内容も決してプライベートなものではありません。

そこで、ある学者は、「婦人」と訳された名詞は、教会を意味していると理解します。聖書の伝統においては、教会は花婿なるキリストの花嫁です。それは、神の民イスラエルが「シオンの娘」（雅歌三・一一、イザヤ三・一六、一七、四・四）と表現されたことにも対応しています。すなわち、「選ばれた婦人とその子どもたち」とは「神によって取り分けられ、神のものとされ、神との交わりにおいて、特別な立場に置かれている人たち、キリストの花嫁として、また神の民、神の子どもとしての立場」が覚えられているとも考えられるのです。

愛と真理

「私はあなたがたを本当に愛しています」とヨハネは記します。ここは「真実に愛している」とも訳せます。そこに、いかなる垣根も意識されない確かな愛の交わりが覚えられています。そして、この「愛」こそヨハネが先の手紙において取り上げてきた主題であり、ヨハネがイエスから学んだ新しい命令でした。ヨハネの手紙第一、三章二三節に「私たちが御子イエス・キリストの名を信じ、キリストが命じられたとおりに互いに愛し合うこと、それが神の命令です」と記されていました。

「私はあなたがたを真実に愛している」の「私は」は強調です。ギリシア語の場合、主語はほとんど省略され、動詞の人称変化で主語を表します。しかしここでは、「私（ギリシア語《エゴー》）」という人称代名詞が添えられています。それは、次の文の、「私だけでなく、真理を知っている人々はみな」と語るための布石でした。愛が「私」のうちにあり、その愛がさらに広がっている様子を表しています。そして、その愛の広がりを生み出し、支えているものが「真理」でした。「真理を知っている人々はみな、愛しています。真理は私たちのうちにとどまり、いつまでも私たちとともにあるからです」(Ⅱヨハネ一b〜二節)と、二度も繰り返し述べられています。

さて、ヨハネが語る「真理」とは、イエス・キリストによって現された神の真実を指しています。ギリシア語の「アレテイア」(日本語で「真理」と訳される)という言葉は、新改訳聖書では、「真実」とか「まこと」とも訳されます。私たちに示され続けた真実です。知恵のない者に知恵を授け、愛の足りない者に十字架の主を見上げさせ、失いかけた愛をみことばの語りかけによって再び燃え立たせてくださる神の導きの真実です。

さらに、この真理は、イエス・キリストが天に上られた後、弟子たちに送られた御霊を通して与えられた恵みでもあります。

ヨハネの手紙第二の二節にある、「私たちのうちにとどまる真理」は、神が私たちの心の畑に蒔いてくださった「みことばの種」とも、イエスが約束された「真理の御霊」とも解せます。私たちが主を知り、主のみこころを悟り、主の愛に生きるための真理はすでに私たちのうちに与えられているという確信です。そして、その真理のうちに私たちが堅く立ち続けるなら、その交わりの中に神の愛が全うされていくのです(Ⅰヨハネ二・五)。

教会の交わりに、一致が養われていくためには、教えられた真理に立ち続ける必要があります。ある神学者が言いました、「真理と愛とは、お互いを補い合っている」と。人は真理を、愛なしに示すことができません。しかし、なんと多くの場合、私たちの真理の証明は他者への配慮や思いやりを欠いていることでしょうか。愛なしに真理を主張するとき、それはどこか歪んで伝えられてしまいます。そのことは、受けとめる側にも問われます。愛なしに真理を聞こうとすると、それを誤解してしまうことにもなります。相手の真意を疑い、真理が真理として聞こえてこないのです。

一方、愛は真理の裏づけなしには正しい方向性をもち得ません。それはかなり独りよがりで、自己実現の行為となります。だから、この「愛」と「真理」には密接な関係があり、互いに補い合っていると言えるのです。この「愛と真理」の見事な調和がイエスのうちに見られました。イエスの語る真理は愛によって裏づけられており、またイエスの愛は完全な真理に基づいていました。したがって、私たちがこのバランスを得るために向かうべきはイエス・キリストです。

「父なる神と、その御父の子イエス・キリストから、恵みとあわれみと平安が、真理と愛のうちに、私たちとともにありますように」(Ⅱヨハネ三節)と、祈りの中でヨハネは三つの賜物をあげています。「恵み」と「あわれみ」と「平安」です。「恵み」とは、本来、それを受ける資格のない者に与えられる神の祝福のことです。「あわれみ」とは、神が罪人に示し続けてくださる誠実さを意味しています。「平安」は、神との間に回復された交わりから生じるものです。これら三つの賜物は、私たちが真理に堅く立ち、神の愛のうちにとどまるとき、豊かに与えられます。

喜び

「御父から私たちが受けた命令のとおりに、真理のうちを歩んでいる人たちが、あなたの子どもたちの中にいるのを知って、私は大いに喜んでいます。」（Ⅱヨハネ四節）

「単に喜んでいる」ではなく、「大いに（ギリシア語《リアン》は並外れた様を表現する副詞）喜んでいる」と、長老ヨハネはその感動を伝えようとしています。その喜びは、彼らが御父から受けた命令に従い、真理のうちを歩んでいるという知らせを受けたことにありました。「真理のうちを歩んでいる人たちが、あなたの子どもたちの中にいるのを知って」とあります。「知って」と訳されている言葉は「見つける（ギリシア語《ヒューリスコー》）」という意味の動詞です。あたかも道端に美しい草花を見つけて喜んでいるように、教会の交わりの中にきらっと輝く信仰者たちの姿を見つけて、牧会者は心を躍らせているのです。

牧会していると、そういった経験をします。長い間求道を続けてこられた方から、突然、信仰の告白をお聞きすることがありました。一人のたましいが教会に導かれて救いにあずかっていく様はなんと感動的でしょう。こんなにも嬉しく、こんなにも感動するのはどうしてなのでしょうか。何よりもそこに、その方を真実をもって導かれた神の恵みとあわれみのみわざを見るからにほかなりません。コリント人への手紙第一、一二章三節に、「聖霊によるのでなければ、だれも『イエスは主です』と言うことはできません」と記されています。救いという経験のうちに、私たちは神の真実を見ます。それはとても感動的で尊いものです。

信仰告白とは、確かに、その人自身のなすわざですが、それは氷山の一角です。水面下に隠れて見えていない大半を支えているのは神の真実なのです。

神は私たちの自由意思を尊ばれます。それこそが、神が被造物に与えてくださった究極的な愛の配慮であるとも言えます。神は、私たちが自発的に、自主的に、積極的に、神の招きに応じ、信仰をもってお応えしていく営みとその感動を私たちから奪うことはなさいませんでした。私たちは機械や操り人形ではありません。命じられたことを命じられたままに、ただ従う存在ではありません。愛の神に、愛でお応えし、喜びと感動をもって応答して生きる存在として私たちは造られました。けれども自由には責任が伴います。この自由を無益なことのために乱用してはならないのです。それは、神のみこころを損なうだけでなく、私たちの歩みを虚しくさせてしまうことになります。

「真理のうちを歩む」とあります。私たちの人生が「歩くこと」にたとえられています。旧約聖書にも「道」をテーマにした教えが出てきます。

「あなたは私に
いのちの道を知らせてくださいます。
満ち足りた喜びが あなたの御前にあり
楽しみが あなたの右にとこしえにあります。」（詩篇一六・一一）

神は、私たちに、いのちに至る道を知らせてくださいます。そして、その道の先には、満ち足りた喜びと楽しみがとこしえにあります。

「主は私のたましいを生き返らせ
御名のゆえに 私を義の道に導かれます。」（詩篇二三・三）

それは「義の道」と呼ばれます。正しい道であり、人が危険な場所に迷い出るようなことはありません。

「人の目にはまっすぐに見えるが、
その終わりが死となる道がある。」（箴言一四・一二）

私たちの目にまっすぐに見える道があるものです。けれども、それが必ずしもいのちに至る道であるとは限りません。ですから、箴言の作者はこうも言います。

「人は心に自分の道を思い巡らす。
しかし、主が人の歩みを確かにされる。」（一六・九）

自分の目にまっすぐに見える道。自分の心の中に思い巡らした道。その人の人生。その人の歩み。でも、それは神のみことばによって吟味される必要があります。それがはたしてまっすぐな道と言えるのだろうか。まっすぐに神の国へと私たちを導く道なのだろうか。その道が長くなれば長くなるほど、歪みや曲がり方に気づけなくなってしまいます。

ヨハネが生きていた当時の道は、今日のように良く区画され、舗装されてはいませんでした。砂漠の中を通る道で、それを見失うことは死活問題でした。ですから人々は注意深く、道を吟味して旅をしました。私たちが歩んでいる道はどのような道でしょうか。父なる神様は、私たちの歩むべき道を、御子を通して示してくださいました。それはまっすぐな道であり、神の国へと通じるいのちの道です。

四節においてヨハネは、そのような道をしっかり歩んでいる人たちを見つけて喜んでいます。それはこの上ない喜びでした。しかし、この「見つけた」という表現は同時に、その道に立って歩んでいない人々が大勢いるという、もう一つの現実を証ししています。それこそが、ヨハネが手紙を認《したた》めることとなった理由でもありました。ヨハネの牧会者としてのとりなしは、なおも続けられます。

愛の戒め

「そこで婦人よ、今あなたにお願いします。それは、新しい命令としてあなたに書くのではなく、私たちが初めから持っていた命令です。私たちは互いに愛し合いましょう。私たちが御父の命令にしたがって歩むこと、それが愛です。あなたがたが初めから聞いているように、愛のうちを歩むこと、それが命令です。」(Ⅱヨハネ五〜六節)

あらためて、「互いに愛し合う」という「新しい命令」が繰り返されます。「あらためて」と記したのは、第一の手紙の三章ですでに述べられていたからです。

「私たちが御子イエス・キリストの名を信じ、キリストが命じられたとおりに互いに愛し合うこと、それが神の命令です。」(二三節)

そこでは、イエス・キリストへの「信仰」と「愛」が神の命令とされています。そして第二の手紙では、「愛」と「命令」の関係が説明されています。「私たちが御父の命令にしたがって歩むこと、それが愛です。あなたがたが初めから聞いているように、愛のうちを歩むこと、それが命令です」と。

教会の交わりにおいて愛が冷めるのはあっと言う間です。愛の偏った現れ、また偏った要求が、それまでの交わりを危うくします。愛は信頼に基づいていますから、信頼を欠くと失われてしまいます。そして愛が失われると、信頼も退きます。信頼は、お互いを神の子どもとして認め合うときに生まれます。交わりは、神への恐れと互いの人格の尊重によって保たれます。それが成り立つところで愛が育まれます。

愛は決して一方通行ではありません。しかし、人は他者をどのように愛すべきかをあまりよく知りません。そのことで不安を覚えます。それゆえに、愛は神の戒めとともにあるのです。真実な愛とは、情緒的な行為ではなく、イエス・キリストを信じる者の信仰の応答であると言った人がいます。私たちは、神が私たちに与えてくださった戒めによって、愛を知るのです。神のみことばに教えられ、励まされ、訓練され、導かれながら、互いに愛を学ぶのです。だれも完全な愛をもっていません。だから学び続ける必要があります。

ときとして、私たちの愛は試されます。愛することに限界をも覚えます。それゆえ、愛の源である神のもとにとどまり、このお方から力を受け、共に愛に生きるのです。神が、愛のわざを共に担ってくださいます。

21　福音の真理に堅く立ちて

〈Ⅱヨハネ七〜一三節〉

交わりを壊す者への警戒

「こう命じるのは、人を惑わす者たち、イエス・キリストが人となって来られたことを告白しない者たちが、大勢世に出て来たからです。こういう者は惑わす者であり、反キリストです。気をつけて、私たちが労して得たものを失わないように、むしろ豊かな報いを受けられるようにしなさい。」（Ⅱヨハネ七〜八節）

「こう命じるのは」という言葉で七節からの段落が始まっています。ギリシア語の聖書では、「なぜなら」という接続詞で記されています。そして、この接続詞は、五節の「そこで婦人よ、今あなたにお願いします」という節と七節を結びつけています。ヨハネが第二の手紙で再び「互いに愛し合う」必要性を訴えた理由が、七節に記されているのです。

「こう命じるのは、人を惑わす者たち、イエス・キリストが人となって来られたことを告白しない者たちが、大勢世に出てきた（別訳『出て行った』。ギリシア語《エクセルトン》）からです」と。「世に出て行った」とは、初め彼らは教会の交わりの中にあったということを意味しています。やがて、異端の教えに影響され、教会から出て行ってしまいました。

エホバの証人の創始者ラッセルも、かつてはアメリカの長老派の教会員でした。しかし、教会の交わりになじめず、やがて飛び出して、独自の聖書理解に基づいた教えを講ずるようになりました。多くの信徒を巻き込んで、教会から出て行ったのです。

そういった異端の教えに影響され、その声になびいていく人々が「大勢いた」ことを背景に、ヨハネは手紙を記しています。彼らは、「（人を）惑わす者」「反キリスト、すなわち、キリストに敵対する者」と呼ばれています。彼らの教えはおもに、「イエス・キリストが人となって（直訳では、肉体において）来られたことを告白しない」ことにありました。つまり、「キリストの受肉」を認めなかったということです。「受肉」とは、「肉を受ける」と書きます。ヨハネの福音書一章一四節にある、「ことばは人となって（直訳では、肉となって）、私たちの間に住まわれた」という、使徒たちの証言を彼らは退けたのです。

この理解の背後には、当時のギリシアの宗教がありました。その教えは、物質はみな悪であり、霊は善であるという二元論に立っていました。そして、神は善であるから、物質である肉体を取ることなどあり得ないと考えたのです。また、肉体をもたない霊的存在である神は、肉に捕らわれている人間のように痛みや苦しみを味わうことがないと考えました。その理解に立つならば、神の御子が十字架上で苦しんだという理解は愚かしく思えました。神が人間のために痛みを経験することなど、どうしてあるだろうか。そしてこう考えました。弟子たちは肉をもたない幻を見ていたのだとか、一時的に、御子は人間イエスの肉体に訪れたけれども、十字架にかかる直前に、天に戻ったのだ、と。結果として、彼らの教えは十字架の贖罪の意義を曖昧にすることになりました。

「神は霊であるから、肉なる者のために苦しみを味わうことなどあり得ない。肉をもたない神が、痛みを経験することなどあり得ない」とは、ある意味、当時のギリシア世界における常識でした。つまり、当時の常識、当時の時代精神に寄り添うキリスト教を提案したということでもあります。それに気づいていたパウロはこう述べています。

「知恵ある者はどこにいるのですか。学者はどこにいるのですか。この世の論客はどこにいるのですか。神は、この世の知恵を愚かなものにされたではありませんか。神の知恵により、この世は自分の知恵によって神を知ることがありませんでした。それゆえ神は、宣教のことばの愚かさを通して、信じる者を救うことにされたのです。ユダヤ人はしるしを要求し、ギリシア人は知恵を追求します。しかし、私たちは十字架につけられたキリストを宣べ伝えます。」（Ｉコリント一・二〇～二三a）

それは、人間の知恵によっては決して理解が困難な、驚くべき恵みです。アンセルムスという英国の神学者が、受肉の教理に関して、こう述べています。「私たち人間は本来、自分の罪の責任、その負債を負う力がない。その償いをする能力も資格ももっていない。だから、人間の罪によって侵害された神の栄誉が回復されるためには、人間を代表し、聖なる神の御前に立つことのできるだれかによって、その資格をもつお方によってとりなしがなされる必要があった。同じ罪を有する者が、罪人のとりなしをすることはかなわない。だから、神である聖なるお方が、肉を取って現れ、人間の代表として、その負債を肩代わりするという方法以外に人間の罪が贖われる道はなかったのだ」と。そのあり得ないことを、神がなしてくださったところに、福音があるのです。そして、そこに私たちに対する神の愛が証しされているのです。

「だれでも、『先を行って』キリストの教えにとどまらない者は、神を持っていません。その教えにとどまる者こそ、御父も御子も持っています。」（Ⅱヨハネ九節）

「先を行って（ギリシア語《プロアゴー〈プロ〔先に〕〉＋〈アゴー〔行く〕〉》）」と訳された言葉は、「先んじる」とか、「乗り越えて行く」という意味です。新改訳第三版では「行き過ぎをして」と訳しています。それが、肯定的な意味に用いられるならば、「最先端の知恵」ということになります。しかし、その知恵が福音の真理を「超えてしまう」こともあるのです。人間の知恵が十字架の福音を乗り越えて行き、その先にどのような真理があるというのでしょうか。

「だれでも、『先を行って』キリストの教えにとどまらない者は、神を持っていない」と、ヨハネは厳しく断じます。神をもたない宗教ほど虚しいものはありません。それは、人間の教えを教えているだけであって、そこに救いはありません。その人自身の鍛練や修業に役立つとしても、罪と汚れに満ちあふれたこの世の現実から私たちのたましいを救うことはできないのです。

教会の対応

ヨハネはこの異端の働きから教会を守るために、一つの指示を与えています。

「あなたがたのところに来る人で、この教えを携えていない者は、家に受け入れてはいけません。あいさつのことばをかけてもいけません。そういう人にあいさつすれば、その悪い行いをともにすることになります。」（Ⅱヨハネ一〇～一一節）

このように徹底した対応が求められたのは、七節に記されていたように、この教えに影響されて、教会から出て行った人々が大勢いたという事情がありました。しかし、この節は注意深く理解する必要があります。一〇節に、「あなたがたのところに来る人で」とありますが、その訪問の目的は、異端を教えることにありました。つまり、ヨハネは普段の交わりを禁じているわけではないのです。「この教え（福音）を携えていない者は、家に受け入れてはいけません」とあるように、当時の宣教者たちは、訪問先に宿を借りながら、巡回伝道をしていました。イエスもイエスの弟子たちもそうでした。それで、異端を広める人々も各家々を訪問して回っていたのです。そのような布教目的でやって来る人々に対して、その働きに安易に加担してはならない、とヨハネは警告するのです。

彼らを家に受け入れてはいけない、挨拶の言葉もかけてもいけないとは、少し厳し過ぎるように思えます。当時の挨拶は、「おはよう」とか「こんにちは」というような気楽なものではなく、「あなたに恵みがあるように」という祝福の祈りでもあったので、その人たちの働きの上に祝福を祈ってはならない、とヨハネは命じているのかもしれません。

「おもてなし」は、キリストの教えを貫く大切な精神です。しかし、それは同時に真理に基づくものでなければなりません。そのことは、すでに三節で学んだことでした。「恵みとあわれみと平安が、真理と愛のうちに、私たちとともにありますように」とありました。愛なしの真理の主張は問題を生じさせます。一方、その愛は真理の裏づけなしには、正しい方向性をもつことができません。私たちは、みことばの真理に基づいて生きるとき、はじめてキリストの愛に生きることができます。真理に基づかない偏った愛は、安易な妥協を引き出し、教会の交わりに混乱を来します。「愛」という名のゆえになされがちな人間的な判断によって、一一節後半に警告されているように、「その悪い行いをともにすることと」にならぬよう、気をつけなければなりません。

挨拶

「あなたがたには書くべきことがたくさんありますが、紙と墨ではしたくありません。私たちの喜びが満ちあふれるために、あなたがたのところに行って、直接話したいと思います。選ばれたあなたの姉妹の子どもたちが、あなたによろしくと言っています。」（Ⅱヨハネ一二～一三節）

最後に、ヨハネは短く挨拶の言葉をもって手紙を閉じています。「したくありません」とは、「そうしたくない」、「それを望まない」という意味です。お互いに離れて生活している場合、どうしても、「手紙」という方法を取らざるを得ないのですが、人と人との人格的な交わりは、「紙と墨」で保たれ得るようなものではないということでしょう。今ではメールやSNSで事をすませてしまうことが多くなりました。すぐ目の前にいる人同士でも、メールで会話をする変な現象が起きています。そして、そこに　たやすく誤解が入り込み、それがお互いの交わりを疎遠にしてしまうこともあります。お互いの信頼を生み出す人格的関わり方について、考える時期に来ているのかもしれません。

愛と真理に基づく確かな交わりを、これからも互いに築いていきましょう。

22　証しの生活

〈Ⅲヨハネ一～八節〉

主にある交わり

「長老から、愛するガイオへ。私はあなたを本当に愛しています。」（Ⅲヨハネ一節）

ヨハネの手紙第二と第三は、聖書の中で最も短い手紙の二つであり、第一の手紙の内容とも重なり合う部分もあって、ここから何か新しいメッセージを聞くことがはたしてできるのだろうかと思いました。ところが、第二の手紙を読み、こうして第三の手紙をひもとくなかで、自分の無知を思い知らされました。

古代教会の時代には、この短い手紙がその内容にふさわしく評価されなかったことがありました。紀元二世紀ごろに活躍したエイレナイオス、アレクサンドリアのクレメンス、テルトゥリアヌスの残した文書には、ほとんどこれらの手紙からの引用がありません。また、三世紀に活躍したアレクサンドリアのオリゲネスは、手紙の短さゆえに新約聖書の正典の中に加えてよいかと悩んでいました。カイサリアのエウセビオスも、これらの手紙の正典性を認めつつも、幾度となく正典性が疑われてきたものとして紹介しています。しかし、四世紀以降まで続けられた議論の末に、これらの手紙は晴れて、新約聖書の中に位置づけられることになりました。主として議論となったのは手紙の短さでした。

しかし、これらの手紙を繰り返し読み、内容を吟味していくうちに、その価値と内容の重さを実感するようになりました。私たちに訴えかけてくるメッセージの力強さ、その温かさを感じるのです。

第二の手紙と同様、ヨハネは自分を「長老」とだけ記します。そう呼ぶことで、手紙の受取人との間に確立している特別な「関係」「交わり」を意識しているのです。四節では、手紙の向こう側にいる人たちを「私の子どもたち（新改訳2017では「自分の子どもたち」と意訳）」と呼びかけています。実際に、この手紙を記したとき、初代教会の言い伝えによればヨハネは九十歳を迎えていました。長老ヨハネからすれば、すべての兄弟姉妹は、自分の子どもたち、自分の孫たちのようであったことでしょう。

「教会は神の家族である」といわれます。そして、その場合の家長は、言うまでもなく天の父です。私たちは、その子どもたちですから、お互いを「兄弟姉妹」と呼び合います。そして、それが家族であるなら、その家族のメンバーに期待されていることは、互いの存在を認め合い、信頼し合うことです。

「家族」と言うとき、それぞれに抱くイメージがあります。温かい家族の交わりの中で育った人もいれば、逆もあります。それぞれに理想とする家族のイメージもあるでしょう。日本人の家族観もあれば、欧米の価値観もあって、必ずしも一様ではありません。人それぞれに異なる価値観や家族観を、教会の交わりの中にもち込むと混乱してしまいます。また、人と人との距離感にも差があります。「バウンダリー」ということが昨今言われます。「バウンダリー」とは、「境界線」という意味ですが、人と人との交わりの境界線をどこに引くのか、どこまで関わるのか、また関わってはいけないのかが決まっています。そういった違いを乗り越えて神の家族を形成していくのです。

そのときに問われるのは、私たちがどこに立つのかということです。それは、自分が抱いてきた「家族観」でも、自分のバウンダリーの感覚でもありません。私たちが神を私たちの父と告白する信仰です。「教会は神の家族である」と言うとき、私たちは神を見上げています。神が私たちの父であるという事実を喜び、また感謝し、このお方のご主権を尊びます。そこから、お互いの人格を尊重し合い、それぞれに置かれている持ち場、立場を認め合う愛の交わりが形成されていくことになります。

一方、天の父を崇めずに、他者を見つめ始めると問題が生じてきます。神を抜きにして互いを見つめ始めると、自分の要求を遠慮なく主張し、慎重さを欠いたトゲのある言葉を語りだします。それはもはや「神の家族」ではありません。教会が教会であり続け、神の家族であり続けるために、何より一人ひとりの信仰が問われるのです。

この短い手紙の中に、「愛」という言葉が何度も繰り返されています。「愛するガイオへ。私はあなたを本当に愛しています」とあり、二節と五節と一一節に、「愛する者よ」という呼びかけが繰り返されます。日本人は奥ゆかしい民族ですから、「愛している」という言葉をあまり口にしません。なんとも照れ臭い言葉です。日本語の「愛」と聖書の語る「愛」の概念には微妙なズレもあります。

初めて日本語に聖書が翻訳されたとき、愛の概念に相当する言葉が見つからず、翻訳家たちは苦慮し、「ご大切に思う」という表現を選びました。しかし、そのように一言で言い表せるほど、聖書の愛の概念は単純ではありません。聖書は、言葉で言い表せない神の愛を、何千年という人類の歴史と物語で表しています。私たちが聖書を読むとは、そのスクリーンに映し出された神の愛を見つめることでもあるのです。

愛するガイオへの祈り

「長老から、愛するガイオへ。私はあなたを本当に愛しています。

愛する者よ。あなたのたましいが幸いを得ているように、あなたがすべての点で幸い

を得、また健康であるように祈ります。」（Ⅲヨハネ一～二節）

ヨハネは、この手紙を、ガイオという名の人物に宛てて記しています。「ガイオ」はローマ社会では一般的な名前でした。「喜び」という名詞から派生した名前です。「喜和」さんとか、「嘉信」さんといったところでしょうか。

新約聖書の中に三人のガイオが登場します。一人はコリントのガイオで、パウロが洗礼を授けた数少ない信徒の一人でした（Ⅰコリント一・一四）。オリゲネスという古代教父の証言では、このガイオはテサロニケ人の教会の最初の司教となった人物とされています。もう一人は、マケドニアのガイオで、パウロの伝道旅行にお伴したクリスチャンでした（使徒一九・二九）。パウロとともに、迫害にもあった人です。三人目は、デルベのガイオで、彼もまたパウロの福音宣教に動向した人物であり（使徒二〇・一四）、四世紀の『使徒憲章』という教会の公的な文書の中では、このデルベのガイオこそ、ヨハネが第三の手紙を宛てた人物だと紹介されています。やがて彼は、エペソより北のペルガモンの教会の司教に任命されたとあります。多くの学者たちは、この言い伝えに注目しています。

もし『使徒憲章』の証言が真実だとすると、ガイオとは信徒を代表する人物であり、ヨハネが信頼を置いていた人物であったと言えそうです。テモテがパウロにとって大切な存在であったように、長老ヨハネにとって安心できる弟子の一人だったでしょう。「あなたは、私にとって大切な存在であり、かけがえのない存在です。あなたのことをいつも心配し、祈っています」と。

この短い手紙の短い一言の挨拶の言葉からも、主にある交わりの豊かさが伝わってきます。ヨハネはこのガイオのために祈ります。

「あなたのたましいが幸いを得ているように、あなたがすべての点で幸いを得、また健康であるように祈ります。」

「幸いを得ている」と翻訳されている言葉は、字義的には「旅をする」という動詞に、「良い」という意味の接頭語がついたものです。ですから、「良い旅をする」というのが直訳です。人生はよく「旅」にたとえられます。それゆえ、「良い人生を歩む」とか、「すべての道において成功する、繁栄する」といったことを意味しているのでしょう。それを、新改訳2017は、「すべての点で幸いを得る」と意訳しています。

ここで「祈ります（ギリシア語《ユーコマイ》）」と訳されている動詞は、"I pray"ではなく、"I wish"のほうです。強い願い、嘆願を表しています。長老ヨハネは、教会に仕える愛するガイオがあらゆる点において、「幸いを得る」ことを切望していました。

一時、流行った「ヤベツの祈り」というものがありました。ヤベツという人は旧約聖書の歴代誌の中に、ユダの子孫の一人として登場します。興味深いことは、その系図の中で彼は、自分が祈った祈りとともに覚えられているということです。「彼はこういう祈りを祈って、かなえられた人だ」というように紹介されています。そこで、「彼の祈りを模範にしましょう」という勧めがなされるようになりました。こういう祈りです。

「私を大いに祝福し、私の地境を広げてくださいますように。御手が私とともにあってわざわいから遠ざけ、私が痛みを覚えることのないようにしてください。」（Ⅰ歴代四・一〇）

祈りとは、「他者の祝福を祈るためのものであり、自分のことについては積極的に祈るべきではない」という真面目なクリスチャンたちがいるなかで、この祈りは、「自分の祝福を祈ることは決して悪いことではない。信仰者はもっと積極的に祈ってよいのだ」という励ましの声となりました。そして、その声に大いに励まされた人は多いのではないでしょうか。しかし、私たちが心していなければならないことがあります。それは、私たちが祝福されるのは、いったい何のためなのかという点です。

詩篇六七篇一節に、ダビデが祈った祝福の祈りがあります。

「どうか 神が私たちをあわれみ 祝福し
御顔を私たちの上に
照り輝かせてくださいますように。」

その直後に、ダビデはこう祈ります。

「(それは) あなたの道が地の上で
御救いが すべての国々の間で知られるために。」(詩篇六七・二)

ここに、私たちが「祝福を求める」動機、祈りの目的が明確に示されています。それは、「あなたの道が地の上で 御救いが すべての国々の間で知られるために」という目的であり、動機です。祝福を求める祈りは、私たちには大切なものです。そして神はそれを祈るようにと求めておられます。しかし、そこで問われるのは、その人が何を第一にしているかなのです。他の人より結構な生活を送ること、他の人にまさった人になることが中心ではなく、そのことを通して、神のご栄光が世に現されることに向けられた祈りでありたいと願います。

ガイオの証し

「兄弟たちがやって来ては、あなたが真理に歩んでいることを証ししてくれるので、私は大いに喜んでいます。実際、あなたは真理のうちに歩んでいます。私にとって、自分の子どもたちが真理のうちに歩んでいることを聞くこと以上の大きな喜びはありません。

愛する者よ。あなたは、兄弟たちのための、それもよそから来た人たちのための働きを忠実に行っています。彼らは教会の集まりで、あなたの愛について証ししました。あなたが彼らを、神にふさわしい仕方で送り出してくれるなら、それは立派な行いです。」

（Ⅲヨハネ三～六節）

三節の始まりは、ギリシア語の聖書では、「私は非常に喜んでいます」という感嘆の表現です。四節も、「これほどの大きな喜びはない」と、その喜びが大きいことを表現しています。ヨハネは何をそんなに喜んでいるのでしょうか。それは、彼の祈りが神に聞き届けられ、主のみわざがなされていることを知らされたからでした。三節を見ると、幾人かの兄弟たちがやって来るたびに、ガイオについて良い証しをしてくれていたことがわかります。

この「兄弟たち」とは、「旅をしている兄弟たち」のことです。彼らが、ヨハネのもとを訪れるたびに、いつもガイオのことが話題になりました。ガイオから様々な愛の配慮を受けて戻って来た旅人たちが、教会の中で証しをしていたのです。それは、礼拝後の報告のときであったでしょうか、それとも祈禱会の証しの時間においてであったでしょうか。その報告を聞くたびに、ヨハネの心は喜びに満たされました。「ああ、またガイオですか。彼なら、きっとあなたがたにそうするでしょう。さぞ喜んであなたがたを迎え入れ、お世話してくれたことでしょう。」そんなやりとりが目に浮かびます。

昔の教会には、そのような名物クリスチャン・ファミリーがいたのです。私の母教会にも、家庭を開放して兄弟姉妹たちを迎え入れ、交わりの場を提供しておられた家族がありました。その交わりを通して多くの方々が救いに導かれました。

巡回伝道者

「彼らは御名のために、異邦人からは何も受けずに出て行ったのです。私たちはこのような人々を受け入れるべきです。そうすれば、私たちは真理のために働く同労者となれます。」(Ⅲヨハネ七～八節)

当時の巡回伝道者たちについて考えたいと思います。七節に、「彼らは御名のために、異邦人からは何も受けずに出て行ったのです」と記されています。当時の教会は迫害下にあったにもかかわらず、福音宣教のために生涯をささげる者たちが次々と起こされました。彼らは今日の「宣教師」の先駆けと言ってもよいでしょう。

考えてみれば、私たちがこうして福音を聞くことが許されているのも、海外の教会が宣教師たちを日本へと送り出してくださったからでした。特に、明治期に、欧米ではリバイバル運動が起こって、そこから、生涯をささげて福音宣教に仕える人々がたくさん起こされました。私たちの教団（日本同盟基督教団）の礎となった宣教師団のメンバーのほとんどは、若き一般信徒たちでした。本当に純粋な思いで、宣教のために海を渡ったクリスチャンの若者たちでした。彼らは主の御名のために出て行きました。

ヨハネは、そういった献身者たちの働きに愛と敬意を払い続けることを教会に命じています。七節に「異邦人からは何も受けずに出て行ったのです」とあります。八節には「私たちはこのような人々を受け入れるべきです。そうすれば、私たちは真理のために働く同労者となれます」と述べられています。

ここで、「異邦人」と翻訳されているところは、「信仰をまだもっていない人、教会外の人」を指しています。伝道者たちは、神にお仕えする働きは「教会の祈りとささげ物によって支えられなければならない」と考えていました。それは主のわざであり、教会の働きであるという自覚によるものでした。

そして、教会が彼らの働きを支えるとき、「私たちは真理のために働く同労者となれる」（八節）とヨハネは記します。宣教師は、私が行くことのできない地へ、私に代わって遣わされています。私に担うことのできない働きを、彼らが教会を代表して担っていてくれるのです。ですから、教会に求められていることは、そのような人々を、背後から祈りと愛とささげ物をもって支えることです。そのようにして私たちは、主のみわざに、福音宣教の働きに参与するのです。

私たちの信仰生活、教会生活は、もっと広い視野をもつべきです。自分のための教会ではないし、自分たちだけの教会としてではなく、さらに広く、さらに遠く、さらに先を見つめながらの教会の歩みであり、それぞれの信仰生活であることを学びたいと思います。

23　愛と謙遜を尽くして

〈Ⅲヨハネ九～一五節〉

交わりを壊すもの

「私は教会に少しばかり書き送りましたが、彼らの中でかしらになりたがっているディオテレペスが、私たちを受け入れません。ですから、私が行ったなら、彼のしている行為を指摘するつもりです。彼は意地悪なことばで私たちをののしっています。それでも満足せず、兄弟たちを受け入れないばかりか、受け入れたいと思う人たちの邪魔をし、教会から追い出しています。」（Ⅲヨハネ九～一〇節）

教会の働きは、昔も今も難しい働きであることをあらためて思わされます。当時の教会において、長老ヨハネの指示を聞き入れない信徒がいたのですから。ヨハネは、以前にディオテレペスが集っていた教会に手紙を書き送りました。九節に、「私は教会に少しばかり書き送りました」とあります。何かしらの指示を手短に書いて送ったのでしょう。その内容は、第三の手紙の文面からして、巡回伝道者への配慮に関するものだったと推測されます。ガイオは、その指示を聞き入れて、その奉仕を喜んで担いました。ところが、ディオテレペスは受け入れなかったのです。一〇節の後半に、「彼は意地悪なことばで（直訳では、「根拠のない悪い噂を立てて」）、私たちをののしっています（私たちのことばを蔑んでいます）。それでも満足せず、兄弟たち（すなわち、巡回伝道者たち）を受け入れないばかりか、受け入れたいと思う人たちの邪魔をし、教会から追い出している」というのです。いったい、何が起こっていたでのでしょう。

ディオテレペスは、第二の手紙に登場する異端者のたぐいではありませんでした。ガイオがそうであったように、地域教会を導く立場にありました。ある学者は、ディオテレペスは、ガイオがいた教会とは異なる群れを導いていたのではないかと考えています。当時、小さな群れがいくつかあって、それぞれにリーダーが立てられていました。

では、なぜディオテレペスはヨハネの指示に従うことを嫌がったのでしょうか。伝道者を教会に迎え入れて世話をするぐらい、それほど大騒ぎするようなことではないように思えます。ヨハネが陳述している内容からして、ディオテレペスはだいぶ腹を立てているようです。長老ヨハネの悪口を言い、ヨハネの指示に従おうとした人を教会から追い出すことまでしたのですから。

この怒りの原因はどこにあったのでしょうか。そのヒントが、ヨハネの言葉の中に表れています。九節に、「彼らの中でかしらになりたがっているディオテレペス」と記されています。「かしらになりたがっている」と翻訳されている言葉は、ギリシア語では一つの動詞です。「愛する」という意味の動詞に、「一番とか我先に」という意味の数詞がつけられた合成語です。辞書には、「リーダーになることに特別な感情を抱いている人」という説明がありました。ギリシア語の文書にもよく出てくる言葉ですが、あまり良い意味では使われません。

人が交わりを形成するときに、必ずこの意識が働きます。それは決して大人の世界だけのことではありません。小さな子どもたちのグループの中にも見られます。小学校一年生になったころのことです。近所に、同年代の、ちょっと頑張り屋さんが住んでいました。彼は、運動神経が抜群で、人よりも抜きん出ていました。そのことを意識していた彼は、みんなと同じレベルであることには満足できませんでした。マラソンで、みんなが一キロ走れば、彼は二キロ走ろうとしました。水泳の授業で、みんなが十五メートル泳ぐところをその倍泳いで、みんなを驚かせました。その彼が、あるとき私のところにやって来て、「オレがこの町のリーダになるから、おまえ、二番目でいいか」と、真面目に相談を受けたことがありました。それは、当時小学一年生であった私にとってとても衝撃的な言葉でした。普通の友だちとして遊ぶだけでよいのに、なぜそんなことにこだわるのだろうかと不思議でした。

イエスの弟子たちの中にも、そのような感情の現れが見られました。あるとき、ゼベダイの子ヤコブとヨハネがイエスのもとにやって来て、嘆願しました。「あなたが栄光をお受けになるとき、一人があなたの右に、もう一人が左に座るようにしてください」（マルコ一〇・三七）と。また、最後の晩餐の席では、「だれがこの中で一番偉いか」ということが話題になりました（ルカ二二・二四）。そんな弟子たちに対してイエスは、「仕える者」の姿を最後まで示し続けられました。

ディオテレペスの問題はリーダーシップのことであったとも考えられます。それぞれに教会の事情があり、経済状況があるなかで、自分たちの働きや年間計画とは直接関係のない奉仕を、突然押しつけられることになったと思ったのでしょうか。今は、自分たちのことだけで精いっぱいなのに、次々と訪れる巡回伝道者たちの世話をしなければならないのか。時間的にも経済的にも余裕など自分の教会にはないというのが、正直な思いであったのかもしれません。家庭を開放し、彼らのために自分たちの部屋を提供することが期待されたのでしょう。いつまで滞在するかわからない旅人のために衣食住を用意することは、決して容易なことではなかったでしょう。そういった事情とともに、教会における彼のリーダーシップの問題が潜んでいました。

ヨハネが晩年に関わった教会です。当時の教会において、ディオテレペスの集っていた教会は、かなり影響力をもつ教会として成長していたと考えられます。その教会にあってリーダーシップを発揮できるということは、彼の名誉心をくすぐりました。そして、その特別な感情が長老ヨハネからの要請を拒絶する形となって現れたのではないでしょうか。ディオテレペスは異端者ではないし、福音を曲げて理解していたわけでもありません。教会のリーダーとしての資質を大きく欠いていたのでもないでしょう。しかし、「自分がリーダーでなければならない」というこだわりが、その良き働きを妨げていました。そこに、教会の交わりを壊す危険が潜んでいたのです。

ヨハネは教会とのやりとりの中で、この問題を敏感に見抜いていました。そして、そのことと向き合わなければならないと考えました。一〇節に、「ですから、私が行ったなら、彼のしている行為を指摘するつもりです」と記しています。シュラッターは、このディオテレペスについて次のように解説しています。

「彼は、教会を、自己を高める手段として誤り用い、自己の意志を通し、自分の考えを通用させることに満足を求めた。」（『シュラッター 新約聖書講解』14、一四〇頁）

教会がキリストご自身のみからだである教会であり続けるために、またそれが、人間の思いから出たものではなく、ただ、天にいます父なる神から出たものとして尊ばれるために、私たちは真理と愛の土台の上に堅く立ち続けなければなりません。

これからは対面で

「あなたに書き送るべきことがたくさんありますが、墨と筆で書きたくありません。近いうちにあなたに会いたいと思います。そうしたら、直接話し合いましょう。平安があなたにありますように。友人たちが、あなたによろしくと言っています。そちらの友人たち一人ひとりによろしく伝えてください。」（Ⅲヨハネ一三〜一五節）

最後に、ヨハネは、「あなたに書き送るべきことがたくさんありますが、墨と筆で書きたくありません」と記しています。まだまだたくさん伝えておくべきことがありました。しかし、これからは対面で伝えたいと思いました。文字では伝えきれないことがあります。また、言葉にせずとも伝わることもあります。そこにいるだけで十分に分かち合えるものがあります。それがたましいの事柄であるなら、なおさらです。そして、そこに牧会者ヨハネの誠実さが現れています。牧会者の働きは、礼拝堂で説教を語るだけではありません。コロナ禍で対面で交わることが制限される今、考えさせられる課題です。

私たちには学ぶべきことがあります。教えられなければならないことがあります。神の子どもとしていただいた私たちは、成熟を目指して歩みましょう。神の恵みとあわれみの一端を、私たちはほんの少し味わったにすぎません。神のみこころを誤解し、身勝手な信仰生活を歩んでいるかもしれません。光のうちを歩むために、みことばに聴き続ける歩みを大切にしていきましょう。

おわりに

本書は、私がかつて牧会していた小平聖書キリスト教会の主日礼拝で、二〇一〇年九月から二〇一一年十月にかけて講解した説教に基づいています。当初、聖書講解にまとめるのにさほど時間は取られないと高をくくっていましたが、執筆を始めてみると、なかなか先に進みませんでした。説教で用いた『新改訳第三版』の翻訳を、本書では『新改訳2017』に替えたこともありますが、それ以上に、執筆を通して、あらためて聖書のみことばに聴き、牧会者ヨハネと向き合い、真実な神に取り扱われることとなったのがその要因です。

ヨハネの手紙は「愛の手紙」と呼ばれます。「愛」という言葉が他の聖書箇所より多用されます。少々くどいと感じられるほど、愛の語りかけが繰り返されます。しかし、とても厳しい手紙です。牧会者（手紙では「長老」）ヨハネは、神の子どもとされた者たちが光のうちを歩み続けることを切望していました。彼らが生きた紀元後一世紀末はとても難しい時代だったのです。獣化したローマ帝国から受ける迫害があり、そのローマに忖度《そんたく》した地域住民らによって皇帝崇拝も盛んになっていく時代でした。同時に、使徒たちが宣べ伝えた福音とは異なる教えを講ずる輩《やから》も起こりました。ほんの小さな偏りや歪みが、全く異なったキリスト教（異端）を生むことになりました。それで、ヨハネは少しの妥協も許しません。問題を曖昧にしたり、態度を保留したりしません。愛する者たちが、闇の中を歩むことなく、光のうちを歩むためです。

本書をお読みになる皆さんには、ところどころ厳しく感じられるところがあるかもしれません。そこは、筆者（遠藤）が、まず自分に語りかけているところであると思ってください。そして、それが同時に、ご一緒にみことばに耳を傾けてくださる読者の皆様にとりましても、信仰の歩みを見つめ直す機会となりますなら幸いです。

本書をまとめるために、予定よりも時間を多く割いた分、編集者の皆様にはだいぶご忍耐をいただきました。この場を借りて御礼を申し上げます。

今年で卒寿を迎える母に本書を献呈します。ちょうどヨハネが執筆活動をした年齢ですから、「卒業」などと言っている場合ではありません。日々の祈りをもって支えてくれることに感謝しつつ。

二〇二三年　レント

東京女子大学研究室にて

遠藤勝信

光のうちを歩むために

2023年5月15日 発行

著　者　遠藤 勝信
印刷製本　日本ハイコム株式会社
発　行　いのちのことば社
〒164-0001 東京都中野区中野2-1-5
電話 03-5341-6922（編集）
03-5341-6920（営業）
FAX03-5341-6921
e-mail:support@wlpm.or.jp
http://www.wlpm.or.jp/

ISBN 978-4-264-04431-4